IHR PERSÖNLICHER
STIL

Doris Pooser

IHR PERSÖNLICHER STIL

mit
Color Me Beautiful

Mit einem Vorwort von
Carole Jackson

Deutsch von Beate Gorman

Hallwag Verlag Bern und Stuttgart

Die amerikanische Originalausgabe ist unter dem Titel
ALWAYS IN STYLE WITH COLOR ME BEAUTIFUL
im Verlag Acropolis Books Ltd., Washington, D.C., erschienen.

Fotos: Jerry Mesmer, Adams Studio, Washington, D.C.
Illustrationen: April Reinking und Brenda Burkholder
Umschlagzeichnung: April Reinking
Modelle: The Erickson Agency, McLean, Virginia;
Patricia Buchholz (*Winter/Herbst*)
Joan Clark (*Winter/Frühjahr*)
Susan Allenback (*Winter/Sommer*)
Lori Estep (*Sommer/Frühjahr*)
Holly O'Dell (*Frühjahr/Sommer*)
Carol Ann Pettit (*Frühjahr/Winter*)
Sharon George (*Frühjahr/Herbst*)
Jennifer Van Horn (*Herbst/Frühjahr*)
Phyllis Pritcher (*Herbst/Sommer*)
Jeannie Kincer (*Herbst/Winter*)
Patricia Buchholz (*Winter/Herbst*).
Außerdem Valerie Avedon (*Sommer/Herbst*) und
Laurie Dustman Tag (*Sommer/Winter*).

© 1987 Acropolis Books Ltd., Washington, D.C.

Lektorat: Urs Aregger
Gestaltung: Alfred Aenis

© 1989 Hallwag AG, Bern
2. Auflage, 1990
Gesamtherstellung: Hallwag AG, Bern
ISBN 3 444 10353 0

Inhalt

ZUSAMMENSTELLUNG DER TABELLEN

ÜBERSICHT ÜBER DIE ZEICHNUNGEN

DANK

Die hier aufgeführten Mitarbeiterinnen und Mitarbeiter haben dieses Buch ermöglicht – ihnen gilt mein besonderer Dank:

Sandy Trupp, Valerie Avedon, Robert Hickey, Dan Wallace, Chris Borges, John Hackl, Irma Gallagher und Al Hackl von Acropolis Books Ltd. für ihr besonderes Engagement

Phyllis Avedon, meiner Herausgeberin, für ihr Geschick und ihre Beiträge

Carole Jackson, die mir die Gelegenheit gab, mein Wissen weiterzugeben

Philomena Hughes für ihren Arbeitseinsatz, ihre Unterstützung und ihr Geschick beim Management

Lisa Ramsey für ihren professionellen Einsatz

Rebecca Giles für ihre Hilfe, ihren Humor und ihren Enthusiasmus

Dank schließlich den drei wichtigsten Personen in meinem Leben: meinen beiden Söhnen Todd und Jeff für ihre Geduld, ihre Begeisterung und ihre Unterstützung und meinem Mann Jim für seine Ermutigung, Hingabe und Liebe

Vorwort

Doris Pooser wurde mit einem Gespür für Mode geboren! Ihre Liebe zu Design und Stil und ihr Enthusiasmus sind ansteckend, und ich muß zugeben, daß Doris mich soweit gebracht hat, daß meine Begeisterung für Mode heute fast so groß wie meine Begeisterung für Farben ist. Wie viele andere Frauen auch hat mich die «Mode» eingeschüchtert. Doris' Auffassung von persönlichem Stil und ihr Wissen um Körperlinien, modische Linienführung und individuelle Körperformen machen Mode verständlich und – was am wichtigsten ist – zu einer vergnüglichen Angelegenheit.

Ich bin mir sicher, daß Sie als Leserin viel Spaß daran haben werden, von den ursprünglichen Kategorien des persönlichen Kleidungsstils in *Color Me Beautiful* zu den neuen Dimensionen von *Ihr persönlicher Stil mit Color Me Beautiful* weiterzugehen. Doris' Annäherung an das Thema ist umwälzend, und Sie werden vor Selbstvertrauen übersprudeln, wenn Sie die richtige Wahl für sich treffen, egal welche Mode gerade «in» ist.

Doris und mir hat die gemeinsame Arbeit an der Ausweitung der Theorie der Jahreszeitentypologie viel Spaß gemacht. Als ich *Color Me Beautiful* schrieb, war es wichtig, die Grundbegriffe auf einfache und verständliche Weise darzustellen. Aber jetzt ist es an der Zeit, uns mehr Freiheit zu nehmen und die eigene Farbpalette zu erweitern. Doris hat einen klugen und wissenschaftlichen Weg gefunden, der Farbpalette, die auf Hautfarbe, Haarfarbe und Augenfarbe basiert, neue Farben hinzuzufügen. Manche Menschen passen perfekt in eine Farbkategorie, während andere zusätzliche Farben benötigen, um ihre Farbgebung voll zur Geltung zu bringen. Und einige finden es einfach aufregend, ihrem Leben mehr Farbe zu geben! Sie wollen wissen, wie man Mode durch Farbe ausdrücken kann, ohne daß die Farbe von ihrem Aussehen ablenkt. All dies wird in diesem großartigen neuen Buch beschrieben.

Doris Pooser ist schon seit einiger Zeit ein wichtiges Mitglied des Teams von «Color Me Beautiful». Sie war als internationale Ausbilderin unserer Farb- und Imageberaterinnen im Fernen Osten und in Australien tätig. Ihr Organisationstalent ist unübertroffen, zudem ist sie ein wunderbarer, entgegenkommender Mensch. Und das Beste: Wenn Sie *Ihr persönlicher Stil mit Color Me Beautiful* gelesen haben, können Sie Doris' Entdeckungen auf sich selbst anwenden und neue Stil- und Farberlebnisse genießen.

Alles Gute für dieses Buch wünscht

Carole Jackson

Carole Jackson

Wenn doch nur...

«Wenn doch nur!» Wie viele «Wenn» haben Sie auf Ihrer Liste? Meine Aufstellung war sehr lang: Wenn ich doch nur kleiner wäre, wenn ich doch nicht so lange Arme und Beine hätte, wenn doch mein Teint besser wäre, wenn doch mein Gesicht nicht solche Kanten hätte, wenn ich doch so aussehen könnte wie meine Freundin Mary.

Ich habe es aber nicht einfach bei diesen Seufzern belassen: Ich versuchte, mich zu verändern. Ich tönte mein Haar, um den roten Farbton loszuwerden, ich versuchte die Form meines Kinns mit dunkler Grundierung zu verändern, um mein Gesicht oval erscheinen zu lassen, ich ging mit nachlässiger Haltung, um kleiner zu wirken, und war jahrelang verunsichert wegen meines Teints. Ich versuchte mich sogar wie meine Freundin Mary zu kleiden. Ich trug die Seidenblusen mit weichen Schleifen, die so wunderbar an ihr aussahen. Aber je mehr ich mich bemühte, um so stärker wuchs meine Unzufriedenheit. Es ist schwer, jemanden vorzutäuschen, der man nicht ist – zu versuchen, wie ein anderer Mensch auszusehen, und gleichzeitig zu wissen, daß es unmöglich ist.

Schließlich beschloß ich, mich einmal genau zu betrachten, mich so zu akzeptieren, wie ich bin, und von neuem zu beginnen. Ich analysierte meine Körpergröße und meine Figur und verglich sie mit anderen. Ich erkannte die Kleidungsmerkmale, die all die verschiedenen Körpertypen ergänzen. Nachdem ich meine Beobachtungen an Hunderten von Frauen getestet hatte, stellte ich fest, daß jede Frau ihren individuellen Stil hat, der durch ihre Körpergröße, ihre Figur, ihre Gesichtsform, ihre Farbgebung und schließlich durch ihre Persönlichkeit vorgegeben ist. Sie sollten nicht versuchen, irgend etwas daran zu ändern. Aber Sie sollten Ihre einzigartigen Merkmale identifizieren und mit ihnen arbeiten.

Heute akzeptiere ich mein eckiges Kinn und betone es, trage Kleider, die ein Gegengewicht zu meinen langen Armen und Beinen bilden, sehe meine Körpergröße als Vorteil, trage Make-up und Farben, die meine Farbgebung ergänzen, und spare viel Geld beim Friseur, da ich meine Haare nicht mehr färben lasse. Es ist soviel leichter und macht viel mehr Spaß, ich selbst zu sein. Außerdem macht man mir viel mehr Komplimente. Ich habe meinen individuellen Stil gefunden, und der unterscheidet sich stark von Marys. Ich kann mich an ihrem Aussehen erfreuen, ohne neidisch darauf zu sein, weil ich jetzt Spaß an meinem eigenen Äußeren habe.

Das ist genau das, was ich mit diesem Buch beweisen will: Ich möchte Ihnen zeigen, wie Sie Ihren ganz individuellen Stil entwickeln können.

Doris Pooser

Was macht eine gutgekleidete Frau aus?

In den dreißiger Jahren kreierte die Modeschöpferin Coco Chanel für ihre eleganten Kundinnen zum ersten Mal das «Kostüm». Mit dem Ruf nach Hollywood nahm ihr Einfluß weit über die Welt der Haute Couture hinaus zu. Im Film und im Alltagsleben trugen Frauen jetzt Kostüme. Das «Chanel-Kostüm», das in den fünfziger Jahren entworfen wurde, ist seitdem zu einem Klassiker geworden.

Der Rock ist gerade geschnitten und von schlichter Eleganz. Die Vorderkanten der kurzen, kragenlosen Jacke stoßen vorne gerade aufeinander. Die Einfachheit und die Vielseitigkeit des Entwurfes haben ihn in aller Welt populär gemacht – das Kostüm ist in allen Preislagen, Farben und Stoffen zu haben. «Gutgekleidet» zu sein bedeutete oft einfach nur, ein Chanel-Kostüm zu tragen.

Auch das schlichte schwarze Kleid gehört zur Grundgarderobe. Es hat einen spitzen oder runden Halsausschnitt und einen geraden Rockteil. Es ist auf Taille geschnitten und hat, je nach Jahreszeit, lange oder kurze Ärmel. Das kleine Schwarze hat seit Generationen nichts von seiner Beliebtheit eingebüßt. Es wurde zu vielen gesellschaftlichen Anlässen getragen – man mußte es einfach besitzen, egal wie man darin aussah. In dem unauffälligen schwarzen Kleid war man immer «gutgekleidet».

Auch unser Freizeitleben wurde von der Modeindustrie stark geprägt. Dafür ein Beispiel: das überall bekannte Poloshirt mit dem «Krokodil», das vom Tennisstar René LaCoste populär gemacht wurde. Obwohl es nur «Vorreiter» für ähnliche Hemden mit Polospielern, Pferden und Füchsen war, tragen noch immer viele Männer – und Frauen – das Hemd mit dem Krokodil, um sich beim Sport gutgekleidet zu fühlen.

Von der Karrierefrau der siebziger Jahre erwartete man, daß sie männliche Arbeitskollegen in ihrer Kleidung nachahmte – dunkelblauer Nadelstreifenanzug, maßgeschneiderte Bluse und ein Minimum an Make-up waren die Uniform der perfekt gekleideten Geschäftsfrau.

Heute sind Frauen jedoch immer weniger dazu bereit, sich anzupassen, weder an die Erwartungen der Geschäftswelt noch an das Diktat der Modeschöpfer.

MODISCHE ERSCHEINUNG –
EINE SACHE DES GLEICHGEWICHTS

Heute denkt eine gutgekleidete Frau mehr an ihr gesamtes Erscheinungsbild. Dazu zählen Make-up, Kleidung und Haltung. Damit sie ihre Persönlichkeit ganz ausdrücken kann, müssen Farben, Schnitte, Stoffe und Details ihrer Kleidung zu ihrer Haar- und Gesichtsfarbe, ihrer Körpergröße und Figur und zu ihren Gesichtszügen passen. Diese Faktoren müssen auch einen Bezug zu ihrem inneren Wesen haben, das sich in ihren Bewegungen und in ihrem Gang ausdrückt. Denn nichtverbale Botschaften dieser Art vermitteln unseren Mitmenschen schon zu einem guten Teil, wer man ist. Sie sind für den persönlichen Stil von wesentlicher Bedeutung.

Dieses äußerst wichtige Gleichgewicht entsteht, wenn die Kleidung unsere charakteristischen Merkmale und unsere Persönlichkeit auf natürliche Weise unterstreicht. Wie läßt sich dieses Ziel erreichen? Wir sind mit «Modediktaten», die uns Sicherheit geben, großgeworden, und nur wenige von uns haben gelernt, worauf es bei der Wahl der Kleidung ankommt. Statt dessen sehen wir uns im Schlußverkauf um oder kaufen das, was unserer Freundin steht. Aus diesem Grund haben wir nie unseren eigenen Stil entwickeln können, geschweige denn gelernt, ihn durch unsere Kleidung auszudrücken.

Einige wenige Mitmenschen können ein Kleidungsstück anziehen und wissen instinktiv, ob es zum Gleichgewicht und zur Harmonie beiträgt, die ihrer Persönlichkeit entsprechen. Der Stil, den sie wählen, scheint immer genau «ihr» Stil zu sein, sie zeigen Geschick, wenn es darum geht, Einzelteile und Accessoires immer wieder neu zu variieren, so daß ein interessanter, aufregender Look entsteht. Man kann sie um ihr natürliches Gespür für Mode nur beneiden.

Diejenigen, deren Namen auf den Listen der bestgekleideten Frauen auftauchen, haben diese angeborene Fähigkeit, für sich immer das Richtige zu wählen. Einige dieser Frauen können sich persönliche Einkäufer leisten oder haben einen Modeschöpfer entdeckt, dessen Entwürfe immer zu ihnen passen. Auch wenn diese Frauen sich glücklich schätzen können, daß sie ihren Stil schon gefunden haben, ist es vielleicht ganz interessant für sie zu erfahren, warum gerade ihre Kleidung zu ihnen paßt. Es ist immer faszinierend und aufregend, sein Wissen zu vervollkommnen.

Aber diejenigen unter uns, die nicht mit diesem natürlichen Gespür für Stil gesegnet sind – die sich noch nicht so vorteilhaft kleiden, wie es möglich wäre –, können sich die dazu nötigen Fähigkeiten leicht aneignen. Die Bestenliste ist weniger wichtig als das Wissen, daß man dazugehören könnte. Wenn Sie ihr eigenes Potential ausschöpfen – wenn Sie immer so gutgekleidet wie möglich sind –, haben Sie Ihren individuellen Stil gefunden und wissen, wie Sie ihn am besten zur Wirkung bringen.

Wir alle wollen gut aussehen, uns gut fühlen, jugendlich und modisch wirken. Egal, ob wir in Paris einkaufen, im Kaufhaus oder in der Boutique am Ort, wir alle können fabelhaft aussehen. Wie das möglich ist? Sie müssen nur wissen, worauf es bei der Wahl der Kleidung ankommt.

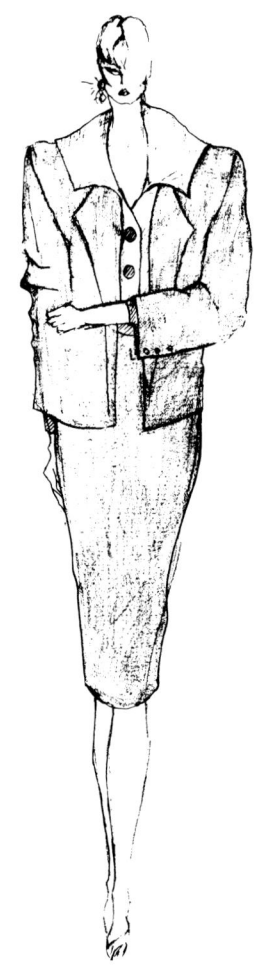

Auf der Suche
nach dem
persönlichen Stil

DRAMATISCH, KLASSISCH, ELEGANT
SCHICK ODER EINFACH MAN SELBST?

Heute bieten die Modeschöpfer eine verwirrende Vielfalt an Stilen an, unter denen man wählen kann. Bei so vielen Wahlmöglichkeiten kann es schwerfallen, die Stilrichtungen auszuwählen, die am besten zu unserer Persönlichkeit passen.

In vielen Büchern der jüngsten Vergangenheit wurden Stilkategorien definiert, die denjenigen, die ihren eigenen, besonderen Modestil finden wollen, behilflich sein sollen. Carole Jackson, Autorin des Bestsellers *Color Me Beautiful,* teilte die modischen Stilrichtungen in die Bereiche «dramatisch», «klassisch», «natürlich» und «romantisch» ein. In seinem Buch *Dressing to Win* unterteilt Robert Pante Frauen in die Richtungen «glamourös», «elegant», «schick» und «mondän». Diese Kategorien sind ideale Ausgangspunkte. Sie können dabei behilflich sein, uns der unterschiedlichen Stilrichtungen bewußt zu werden, und uns ermutigen, nach dem einen speziellen und perfekten Stil zu suchen. Ich habe jahrelang daran geglaubt, daß alle meine Fragen beantwortet und all meine Bedürfnisse erfüllt würden, wenn ich erst einmal einen bestimmten Stil und eine bestimmte Klassifizierung für mich gefunden hätte. Ich analysierte jede einzelne Kategorie in der Hoffnung, diejenige zu finden, die ganz genau zu meiner Person paßt.

Ich hatte immer das Gefühl, eine klassische und konventionelle Persönlichkeit zu sein, und bevorzugte Kleidung, die traditionell geschnitten war. Trotzdem hatte ich bei der klassischen Chanel-Jacke, dem Nadelstreifenanzug und dem auf Taille geschnittenen Kleid das Gefühl, unproportioniert auszusehen – linkisch und ziemlich alltäglich. Dies war ein unglaublich enttäuschender Aspekt bei der Suche nach meinem Stil, gerade weil diese Stilrichtung an der richtigen Trägerin sehr elegant wirken kann. Aber obwohl der traditionelle, klassische Stil nicht zu meiner Körpergröße und Figur zu passen schien, war ich fest entschlossen, die Suche nach meinem eigenen klassischen Stil nicht aufzugeben.

Viele Leute haben meinen Stil als natürlich bezeichnet, weil ich strukturierte Stoffe mag und diese mir gut stehen. Trotzdem habe ich mich in Freizeitkleidung nie wohl gefühlt und lasse selten, wenn überhaupt, mein Make-up weg, selbst in meiner Freizeit. Ich sehe besser in einer Karo- oder Tweedjacke aus als in einem zweiteiligen karierten Kostüm, das für mich zu schwer und massig ist. Die Schwere eines Schottenkaros oder eines klobigen Absatzes passen nicht zu meinen Gesichtszügen und zu meinem Knochenbau. Und vor allem: Der natürliche Freizeitstil gefällt mir nicht.

Man hat mich auch als romantischen Typ bezeichnet. Ich mag beschwingte und weiche Kleidung, da ich groß und schlank bin, so daß ich anschmiegsame Stoffe gut tragen kann. Anderseits fühle ich mich in Glitterstoffen, Volants, Spitzen und Chiffon nicht wohl. Ich bevorzuge gutsitzende Kleidung, selbst bei meiner eleganten Garderobe.

Ich hatte oft den Wunsch, dramatisch zu wirken, aber ich besitze nicht die auffällige Farbgebung oder die ausgeprägten exotischen Gesichtszüge des dramatischen Typs. Ich gehe gern mit der neuesten Mode, und meine Vorliebe gilt den neuen Modetrends. Obwohl ich das Gefühl hatte, daß es Spaß machen würde und aufregend wäre, bestimmte außergewöhnliche Modestile zu tragen, hatte es mir in der Vergangenheit immer am Mut gefehlt, dies auszuprobieren. Ich war mir nie ganz sicher, wo «hochmodern» aufhörte und «modisch» begann!

Robert Pante beschrieb mich in einem seiner «Salons» als elegant und glamourös. Sagte er das aufgrund meiner Kleidung, meiner Haltung und meiner Art, mich zu bewegen, oder lag es an der Rolle, in der er mich an diesem Tag sah? Will nicht jede Frau einmal im Leben glamourös aussehen? Ich muß zugeben, daß ich mich nicht besonders aufregend fühle, wenn ich abends um zehn Uhr an der Schreibmaschine sitze, aber trotzdem trage ich auch dann mein Make-up. Vielleicht bin ich tief im Innern ein glamouröser Typ.

Je intensiver ich mich mit den verschiedenen Kategorien auseinandersetzte, um so mehr erkannte ich, daß eigentlich keine von ihnen meinen Typ richtig beschrieb. Außerdem wünschte ich mir mehr Flexibilität, als sie bieten konnten, da ich aus einer Generation stamme, der die jeweiligen Moderichtungen oft diktiert wurden; und schließlich wollte ich herausfinden, wie man mehr als nur einen Stil tragen kann.

Durch die moderne Lebensweise sind wir dazu gedrängt, viele verschiedene Modestile zu tragen. Der Stil hängt vom jeweiligen Anlaß ab, ganz abgesehen von unserer Stimmung und unserem Befürfnis nach Aufregung und Veränderung. Wenn wir die Definition der einzelnen Kategorien ausdehnen, können wir die Suche nach einem einzigen Stil aufgeben und mehrere in Betracht ziehen. Wir wollen uns diese erweiterten Definitionen einmal ansehen.

Eine dramatische Persönlichkeit wird oft als groß und schlank beschrieben. Ihre Gesichtsfarbe ist lebhaft, sie hat ein knochiges Gesicht, und ihr Wesen ist von einer gewissen Kultiviertheit. Heißt das nun, daß eine Frau, die nur einen Meter sechzig groß ist, nicht dramatisch aussehen kann?

Ganz und gar nicht! Es hängt allein davon ab, wie man den Begriff «dramatisch» definiert. Ich habe die dramatische Richtung immer als hochmodischen Look betrachtet, den jeder tragen kann, unabhängig von Größe und Figur. Das Wichtigste ist, daß die Trägerin diesen Look wirklich mag und die grundlegenden Kleidungsregeln versteht. Die Schauspielerin Susan Lucci, die in vielen führenden Modemagazinen abgebildet wurde, ist mit ihrem phantastischen, dramatischen Look eine Bereicherung für die Seifenoper «All My Children». Susan, die sehr zierlich ist, sieht in ihrer dramatischen Kleidung immer wundervoll aus.

Zu vielen großen, schlanken, knochigen Frauen dagegen paßt hochmodische Kleidung nicht; sie würden sich darin einfach nicht wohl fühlen. Carol Burnett ist ein perfektes Beispiel dafür, wenn sie nicht auf der Bühne steht. Sie fühlt sich offensichtlich in konservativer Kleidung wohler und trifft die Wahl ihrer Kleidung in erster Linie nach ihren Vorlieben, Gefühlen und nach ihrer Persönlichkeit. Wenn man dramatisch als Modestil mit extremer Linienführung und einem außergewöhnlichen Entwurf beschreibt, sehen wir, daß nur wenige Frauen diesen dramatischen Stil überhaupt tragen können, damit zu allen Anlässen

passend gekleidet aussehen und sich auch dementsprechend fühlen. Cher gehört zu den wenigen Frauen, die extreme Kleidung
tragen können und sich offensichtlich darin wohl fühlen. Bob
Mackie, der Kleider für Carol Burnett und Cher entwirft, gelang
es, Stile zu entwickeln, die zu beiden passen und sowohl ihre
körperlichen Merkmale und ihre Persönlichkeiten in Betracht
ziehen als auch ihre Vorlieben und Abneigungen in Rechnung
stellen.

Wenn man sich mit Modestilen befaßt, gilt extreme Kleidung
selten als gute Mode. Wir wollen daher den dramatischen Look
als eine hochmodische Richtung definieren, die aber dennoch
geschmackvoll ist und von jeder Frau getragen werden kann,
unabhängig von Größe und Figur, wenn die Trägerin sich darüber im klaren ist, wonach sie bei der Wahl ihres individuellen
Kleidungsstils sucht. Da diese Moderichtung nicht zu allen
Anlässen paßt, ist es wichtig, seine Kenntnisse zu erweitern, so
daß man weiß, wo und wann man einen bestimmten Stil wirkungsvoll einsetzen kann.

Der klassische Typ wird oft als mittelgroß mit ausgewogenen
Gesichtszügen beschrieben, er ist wohlproportioniert und hat
eine konservative Lebenseinstellung. Aber was ist mit denjenigen, die ausgewogene Züge haben, wohlproportioniert und mittelgroß sind, aber keine konservative Einstellung haben oder sich
zumindest nur zeitweise konventionell fühlen? Eine Frau dieses
Typs sollte nicht nur auf einen bestimmten Stil festgelegt sein, in
dem sie sich nicht wirklich wohl fühlt. Und diejenigen, die nicht
unbedingt wohlproportioniert sind und die kleiner oder größer
als der Durchschnitt sind, wollen oder brauchen manchmal klassische, konservative Kleidung.

Die Geschäftsfrau von heute hat einen großen Schritt von
ihrer konventionellen «Uniform» weggetan. Frauen, die in der
Geschäftswelt tätig sind, haben heute bei der Wahl ihrer Kleidung größere Freiheiten und können so ihre Individualität ausdrücken. Eine Karrierefrau, die ihr Ziel erreicht hat, hat möglicherweise noch größere Freiheiten, wenn es um ihre Garderobe
geht. Aber ein konservatives Aussehen bleibt wichtig; ihre Vorliebe für Mode sollte die beruflichen Fähigkeiten einer Frau nie
überschatten. Untersuchungen haben erwiesen, daß gewisse Farben und ein bestimmtes Aussehen ihre Seriosität unterstreichen,
wodurch ihr Ansehen wächst. Ihr Status als gleichberechtigte

Frau unter Männern, die konservative Anzüge tragen, wird verbessert, wenn sie ein Kostüm oder eine Kombination aus Kleid und Jacke wählt. Marineblau, Braun, Kamel und Grau vergrößern die Glaubwürdigkeit und sollten daher ein unerläßlicher Bestandteil der Garderobe für das Berufsleben sein. In den letzten Jahren hat es bedeutsame Veränderungen gegeben, aber es ist immer noch notwendig und klug, sich in der Geschäftswelt konservativ zu kleiden.

Meine Definition von Klassik ist daher eine konservative Kleidung, die jede einmal, abhängig vom Anlaß, braucht. Einige Menschen sind von Haus aus konservativer als andere und wollen sich daher öfter so kleiden. Aber jede von uns sollte, unabhängig von Größe und Figur, ihre ganz eigene Version des klassischen Looks haben.

Ist Romantik gleichzusetzen mit Rüschen, Glanz und hochhackigen Schuhen? Ja, aber nur manchmal. Jede Frau kann ihren eigenen romantischen Look haben, wenn wir den romantischen Stil als Kleidung und Stimmung für einen ruhigen Abend zu Hause betrachten, mit einem Menschen, den wir besonders mögen. Wir alle würden uns vollkommen anders kleiden, um eine romantische Stimmung zu erzeugen, die unserer Persönlichkeit entspricht. Jane Fonda, Nancy Reagan und Joan Collins würden völlig andere Kleidung wählen und Romantik ihrem individuellen Stil entsprechend übersetzen. Joan Collins würde möglicherweise einen schwarzen Morgenrock aus Charmeuse mit schwarzer Spitze tragen. Jane Fonda würde wahrscheinlich eine Hausjacke aus Seide mit einem Schalkragen und eine seidene Hose anziehen. Nancy Reagan zöge vielleicht einen eleganten, elfenbeinfarbenen Kaftan mit einem Mandarinkragen vor. Einige mögen Glitzer und hochhackige Schuhe und ziehen sich gerne «besonders schön» an. Diese ewigen Romantiker müssen sich wahrscheinlich Mühe geben, im Alltagsleben nicht übertrieben angezogen zu wirken.

Bei dem Wort Natürlichkeit denken wir wahrscheinlich an einen großgewachsenen Menschen, der von kräftigem oder athletischem Körperbau ist und saloppe und zwanglose Kleidung bevorzugt. Aber viele Menschen mit schweren Knochen und kräftigem Körperbau fühlen sich eher konventionell und konservativ. (Oder sie möchten immer besonders gekleidet sein oder lieben wiederum den dramatischen Stil). Wie wir schon erwähnt haben, sollten Körpergröße und Figur niemals allein den Stil vorgeben. Jeder liebt irgendwann einmal den saloppen, zwanglosen Look. Die meisten Frauen, die im Berufsleben stehen, nutzen die Gelegenheit, um sich nicht immer morgens «besonders» anziehen oder schminken zu müssen. Aber diejenigen, die Freizeitkleidung bevorzugen (und deren Lebensart zu dieser Kleidung paßt), müssen achtgeben, wenn bestimmte Anlässe und besondere Gelegenheiten eine professionelle oder geschäftsmäßige Kleidung erforderlich machen.

Bei der Einteilung von Stilrichtungen ist es wichtig zu erkennen, daß wir damit viele Dinge umschreiben. Die Worte dramatisch, klassisch, natürlich und romantisch erwecken Gedanken an bestimmte Anlässe, Stimmungen und Persönlichkeiten, aber auch an Gesamteindrücke von Kleidungsstilen, die zu diesen Anlässen und Gelegenheiten passen. Leider reichen diese «Gesamteindrücke» nicht aus.

Eine meiner Kolleginnen sagte einmal, daß sie als «Sommertyp» analysiert und zudem als «klassisch» und «schick» beschrieben worden war. Sie bat ihre Freunde, ihr dabei zu helfen, ein blaues Kleid, das zu einem Sommertyp paßt und das außerdem leicht klassisch und schick sein sollte, zu finden. Eine solche Beschreibung würde die Suche nicht nur erschweren, sondern auch eine große Auswahl an Kleidern bedeuten, abhängig davon, wer die Wahl zu treffen hat.

Wie man sieht, geben uns diese Arten von Bezeichnung keine wirklichen Informationen darüber, wie die Kleidungsstücke tatsächlich aussehen sollten und wie sie zu einer Persönlichkeit passen. Sie sind jedoch gut geeignet, wenn es darum geht, Anlässe, Orte und Persönlichkeiten zu beschreiben. Jede Moderichtung hat ihren Platz. Sie sollten nur wissen, wann Sie den jeweiligen Stil tragen können. Man kann nicht oft genug betonen, wie wichtig ein Anlaß für die jeweilige Kleidung ist. Die folgende Tabelle erklärt, bei welchen Gelegenheiten und wann Sie die verschiedenen Stile tragen können.

PASSENDE ANLÄSSE ZU JEDEM STIL

	Dramatisch	Klassisch	Natürlich	Romantisch
Arbeitswelt	Unterhaltung Modeindustrie Einkäuferinnen für Kaufhäuser Boutiquebesitzerinnen Künstlerische Berufe Innenarchitektinnen Werbebranche Mitarbeiterinnen bei Funk und Fernsehen Werbebranche, die mit den oben angeführten Berufen zu tun hat	Geschäftswelt Juristinnen, Medizinerinnen Politikerinnen Regierungsangestellte Sozialarbeiterinnen Lehrerinnen Maklerinnen Politikerinnen	Lehrerinnen Kinderbetreuung Körperliche Arbeit Nichtöffentliche Arbeit Dienstleistungsberufe Personal in Lebensmittelgeschäften und Kaufhäusern	Nicht zutreffend
Freizeit	Sportveranstaltungen Picknicks Einkaufen Freizeitaktivitäten Entspannung	Kirchentätigkeiten Schulveranstaltungen Städtische Veranstaltungen Vorstandssitzungen Politische Veranstaltungen	Sportveranstaltungen Picknicks Freizeitaktivitäten Einkaufen Gartenarbeiten Enstpannung	Dinner bei Kerzenlicht Abend zuhause
Gesellschaftliche und Pflichtveranstaltungen	Cocktailpartys Dinnerpartys Kinobesuche Hochzeiten Vorträge (wenn die Zuhörer jung sind und aus den oben erwähnten Berufen stammen)	Cocktailpartys Dinnerpartys Theater (nur wenn ein elegantes Oberteil, Schmuck, Schuhe und Handtasche zusammen mit konservativen Kostümen oder Berufskleidung getragen werden) Beerdigungen Vorträge Ansprachen Preisverleihungen	Kurorte Ferienbereich Familienrestaurants	Cocktailpartys Dinnerpartys Tanzveranstaltungen Theater Hochzeiten Formelle Anlässe

Anmerkung: Freiberuflerinnen können bei ihrer Kleiderwahl viel flexibler sein. Der entscheidende Faktor für sie sollte ihre Zuhörerschaft und/oder die Menschen sein, mit denen sie zu tun haben. Sich «passend» zu kleiden bedeutet, daß man erfolgreich und glaubwürdig aussieht, aber andere nicht einschüchtert oder ihnen das Gefühl gibt, sich unbehaglich fühlen zu müssen.

WAS FÜR EIN TYP SIND SIE?

Wenn man sich Richtlinien für die passende Kleidung gesetzt hat, ist es wichtig, sich mit seinen Vorlieben und Abneigungen und mit seinem Typ auseinanderzusetzen. Jede von uns ist wahrscheinlich – je nach ihrer Persönlichkeit – mit ein oder zwei Stilrichtungen glücklich. Das ist gut so, wenn der Anlaß eine Wahlmöglichkeit zuläßt. Man sollte sich jedoch damit abfinden, daß verschiedene Anlässe unterschiedliche Kleidung erfordern. Wenn man erst einmal Zutrauen gewinnt und versteht, in welcher Beziehung unsere Kleidung zu uns steht, wird man überrascht feststellen, daß man sich auch für andere Stilrichtungen begeistern kann. Man kann sich dann ganz so kleiden, wie es der Persönlichkeit entspricht.

Auch wenn ein Stil genau definiert wird, wissen wir trotzdem nicht, worauf es bei der Kleiderwahl hinsichtlich der Figur ankommt. Klassifikationen sind interessant, machen Spaß und sind aufschlußreich, aber um sie anwenden zu können und so seinen eigenen Stil zu entwickeln, muß man zuerst verstehen, was sie in bezug auf die individuellen körperlichen Merkmale bedeuten. Es ist daher wichtig, einige Grundregeln über den Aufbau seiner Kleidung zu erlernen und darüber, wie die Garderobe zu den Anforderungen der jeweiligen Figur steht. Wenn man diese Merkmale kennt und mit ihnen arbeiten kann, ist man in der Lage, sich genau so zu kleiden, wie es dem eigenen Typ entspricht.

Bevor ich diese Richtlinien kannte und wußte, wie ich den Aufbau der Kleidung zu meinem Körper in Beziehung setzen mußte, habe ich manch schlaflose Nacht mit der Sorge verbracht, was ich zum nächsten besonderen Anlaß tragen sollte. Ich denke an abgelegte Kleiderhaufen auf den Stühlen in meinem Schlafzimmer, wenn ich wie wild nach einem passenden Kleidungsstück suchte. Ich gebe es nicht gerne zu, aber oft waren Tage oder Abende ruiniert, weil ich mich in der Kleidung, die ich schließlich gewählt hatte, nicht wohl fühlte und noch nicht einmal wußte, warum. Jetzt, da ich einige praktische und leicht zu befolgende Richtlinien habe, die mir sagen, worauf ich bei der Wahl meiner Kleidung achten muß, fühle ich mich immer wohl in meiner Haut und kann meine Zeit und Energie Wichtigerem widmen.

Um seinen eigenen, individuellen Stil zu definieren und zu bestimmen, ist es wichtig, sich mit seinen körperlichen Eigenheiten auseinanderzusetzen. Jeder Mensch wurde als ein bestimmter Körpertyp und mit besonderen Gesichtszügen geboren. Wenn man die passende Kleidung findet, die all die positiven Eigenschaften, die man besitzt, ergänzt, kann man die Stilrichtung wählen, in der man sich am wohlsten fühlt. Wenn man die eigenen körperlichen Charakteristika versteht, kann man seinen Stil und seine Neigungen entwickeln, indem man Linienführung, Entwürfe, Stoffe, Maßstab und Farben kombiniert, die die besonderen Qualitäten, die man besitzt, unterstreichen. Man kann dann wunderbare und einzigartige Kombinationen kreieren, die die eigene Persönlichkeit und Phantasie widerspiegeln.

STIL: EINE DEFINITION

Welche Eigenschaften eines Kleidungsstücks bestimmen seinen Stil? Wir wollen drei Merkmale genauer betrachten – Linienführung, Maßstab und Farbe – und sehen, wie jedes einzelne sich direkt auf die körperlichen Eigenschaften der Trägerin bezieht. Man muß dabei bedenken, daß die Kleidung mit Körpergröße, Figur und Gesichtszügen harmonieren soll. Die Garderobe sollte so wirken, als ob sie zur Trägerin gehörte, und eine natürliche Erweiterung ihrer Persönlichkeit sein. Die Linienführung der Kleidung, ihre Silhouette, sollte die Linienführung des Körpers ergänzen. Die Stärke der Stoffstruktur und die Muster, die man trägt, sollten in direktem Verhältnis zum Körper stehen. Der Maßstab der Kleidung muß einen Bezug zur Körpergröße haben, und natürlich sollten die Farben die natürliche Haar- und Gesichtsfarbe unterstreichen.

Ich werde mit Ihnen Schritt für Schritt Linienführung, Maßstab und Farbe durchgehen, so daß Sie lernen, sich selbst zu analysieren, um zu entscheiden, auf welche Dinge Sie beim Kauf Ihrer Kleidung achten müssen. Sie sollten ehrlich zu sich selbst sein und sich objektiv betrachten können. Jeder wird mit einer bestimmten Körpergröße und Figur geboren sowie mit besonderen Gesichtszügen. Vielleicht würde man gerne kleiner, größer, schlanker oder was auch immer sein, aber Wunschdenken ist hier fehl am Platz. Man muß sich so akzeptieren, wie man ist, die eigenen Merkmale annehmen und versuchen, diese Eigenschaften zu seinem Besten einzusetzen. Sie werden die Grenzen (die jeder Mensch hat) erkennen, aber Sie werden sehen, wie man sie umgehen und seine positiven Eigenschaften in den Vordergrund stellen kann. Sie können lernen, etwas, das man allgemein für makelhaft hält, zum eigenen Vorteil einzusetzen, und Sie werden neue Freude daran finden, Sie selbst zu sein, wenn Sie einen aufregenden neuen Look für sich kreieren, von dem Sie vorher nie zu träumen wagten.

FRAGE: *Ich wurde immer als klassischer Typ beschrieben. Ich bin gut proportioniert, habe eine durchschnittliche Figur und bin schüchtern. Ich möchte meinen Kleidungsstil gerne verändern. Wie kann ich mein Aussehen verbessern?*

ANTWORT: Der klassische Typ neigt zu konservativem Verhalten oder bevorzugt entsprechende Kleidung. Sie sind offenbar bereit, sich weniger konventionell zu kleiden. Wenn Sie Ihre richtige Körperlinie und Ihren Maßstab finden, werden Sie viele verschiedene Stilrichtungen tragen können, die zu Ihrer Stimmung und dem jeweiligen Anlaß passen. Wenn Sie mit Ihrem neuen Aussehen Selbstvertrauen gewinnen, können Sie immer neue Variationen ausprobieren. Sie sollten nicht mit einem Extrem beginnen; nehmen Sie mit Ihrer neuen Moderichtung langsam Fühlung auf. Tragen Sie einen Rock in einer neuen Länge, ein neues, weites Oberteil oder eine andere Jacke. Wenn es Ihnen gefällt und Sie sich darin wohl fühlen, gehen Sie etwas weiter. Benutzen Sie ihre neuen Richtlinien dazu, um aus Ihrem ultrakonservativen Stil auszubrechen!

FRAGE: *Mir wurde gesagt, daß ich ein natürlicher Typ sei. Aber mein Körperbau ist nicht sehr athletisch, und ich fühle mich in meinem Innern romantisch und weich. Wie kann ich mein Inneres auch nach außen kehren und trotzdem gut aussehen? Welcher Stil ist der richtige für mich?*

ANTWORT: Niemand muß sich auf einen einzigen Kleidungs-stil beschränken. Beschäftigen Sie sich noch einmal genau mit Ihren körperlichen Eigenschaften und mit Ihrem Lebensstil. Wenn Sie verstehen, welche Linienführung, Stoffe, Entwürfe und Farben am besten zu Ihnen passen, können Sie Ihren eigenen, charakteristischen Stil entwickeln.

Entdecken Sie Ihre Körperlinie

Wir wollen damit beginnen, die Körperlinie in Beziehung zum individuellen Menschen zu setzen. Bei der Entscheidung, welcher Stil eine bestimmte Körperform am besten ergänzt, müssen wir analysieren, welche Körpermerkmale am besten zu den entsprechenden Merkmalen eines Kleidungsstückes passen.

Die körperlichen Merkmale eines jeden Menschen sind klar bestimmt und lassen sich leicht identifizieren. Wie würden Sie Ihren Körper beschreiben? Oder Ihre Gesichtszüge? Worte wie groß, klein, dünn, breit, rund, kurvig oder gerade beschreiben den Körpertyp in seiner Linienführung.

Eine Linie hat eine unbestimmte Anzahl Punkte und verläuft in einer Richtung. Sie kann gerade oder gekrümmt sein. Körpersilhouetten oder Gesichtsformen werden oft als rautenförmig, viereckig, rechteckig, oval, birnenförmig, herzförmig, rund oder als eine Kombination mehrerer dieser Merkmale beschrieben. Jede einzelne dieser Formen kann durch eine gerade oder gekrümmte Linie definiert werden. Raute, Dreieck, Quadrat und Rechteck bestehen aus geraden Linien, Oval, Kreis, Herz und Birne aus gekrümmten Linien.

Der erste Schritt ist daher die Analyse der eigenen Körperlinie, der Gesichtsform und der Gesichtszüge. Wie ist der Gesamteindruck: gerade oder gekrümmt? Die vorherrschenden Merkmale insgesamt – bei Körper und Gesicht – lassen sich am besten durch eine der folgenden geometrischen Figuren definieren: Dreieck, Quadrat, Rechteck, Ellipse, Oval oder Kreis.

Man kann seine Köpersilhouette erkennen, wenn man seinen Schatten betrachtet. Stellen Sie sich einen bis zwei Meter von einer geraden, glatten Wand entfernt auf. Schauen Sie auf die Wand, und lassen Sie sich von hinten von einer Lampe bescheinen. Ihr Schatten wird auf der Wand vor Ihnen sichtbar. Die Linienführung Ihrer Silhouette ist überwiegend gerade oder gekrümmt. Die vorherrschende Körperlinie kann man auch erkennen, wenn man seinen Körper aus der Entfernung betrachtet. Stellen Sie sich vor einem Spiegel so auf, daß Ihre ganze Figur sichtbar ist, und schauen Sie sich an. Einige unter Ihnen werden gerade Linien erkennen, andere kurvige. Einigen wird es vielleicht schwerfallen, die vorherrschende Linienführung zu bestimmen, weil gerade und gekrümmte Linien vorhanden sind.

GERADLINIGE KÖRPERTYPEN

Sehen Sie sich die Beispiele für die geradlinigen Körpertypen genau an:

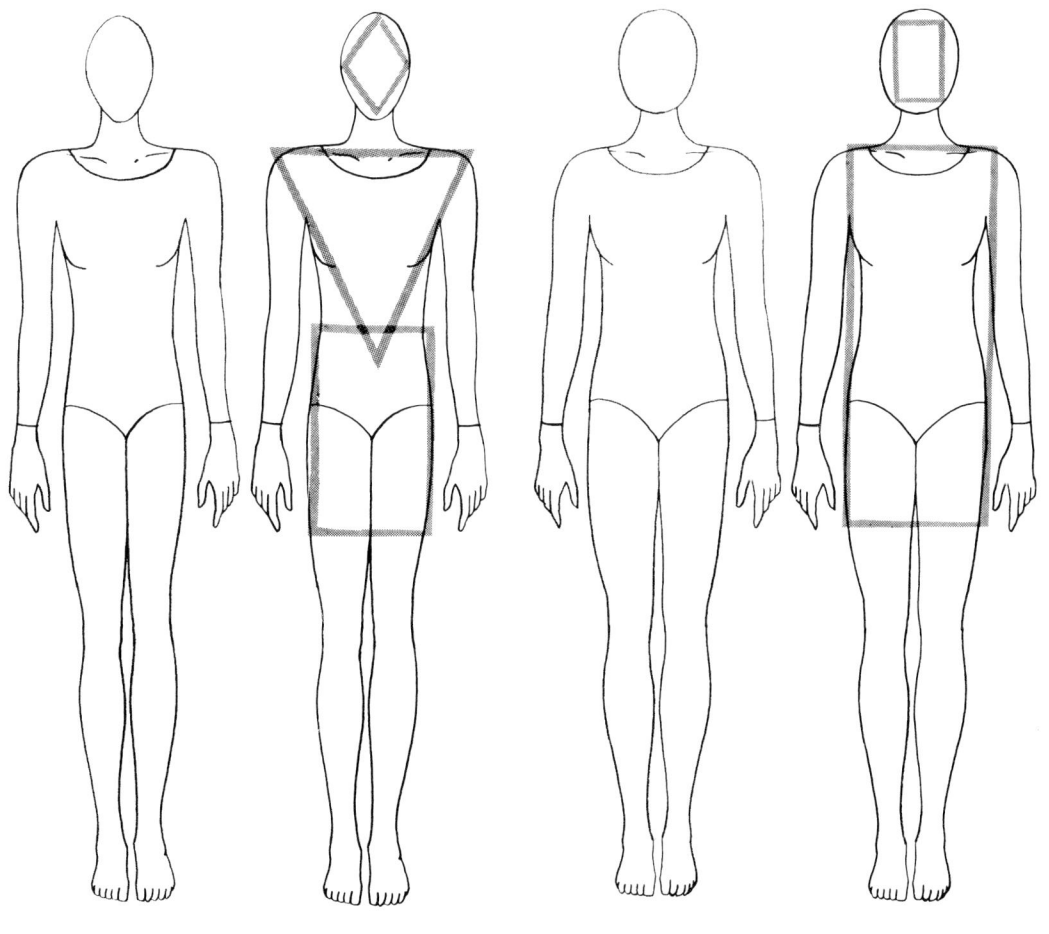

betont gerade

gerade

Beachten Sie, wie die geometrischen Figuren die Grundform jeder Figur betonen.

Am besten können Sie den Umriß Ihrer Figur sehen, wenn Sie sich in einem Gymnastikanzug betrachten, so daß Sie Ihre Körpersilhouette erkennen können, ohne von Details abgelenkt zu werden.

Zuerst wollen wir uns mit den Körperformen beschäftigen, in denen gerade Linien vorherrschen. Diese Figuren sind oft groß und schlank, haben schmale, flache Hüften, breite Schultern, einen kleinen Busen und sehr wenig Kurven. Andere, die auch in diese Kategorie fallen und die nicht besonders groß oder schlank sind, haben flache Hüften, eckige Schultern und eine viereckige oder rechteckige Figur. Denken Sie daran, daß das Gewicht bei dieser Betrachtungsweise keine Rolle spielt. Wir beschäftigen uns mit der Linienführung der Silhouette, nicht mit Größe oder Gewicht.

Wenn Sie Schwierigkeiten dabei haben, Ihre Körperlinie zu identifizieren, sollten Sie einmal Ihre Gesichtsform betrachten; denn der erste Eindruck der Körperlinie, den wir erhalten, wenn wir jemanden ansehen, wird oft durch die Gesichtsform und die Gesichtszüge bestimmt. «Gerade» Gesichtszüge sind eckig. Eine lange, schmale Nase, hohe Wangenknochen, ein quadratisches oder spitz zulaufendes Kinn und rautenförmige oder rechteckige Gesichtszüge geben oft den Eindruck von geraden Linien. Einige gerade Linien bei Körperformen und Gesichtsformen erscheinen sehr kantig und markant, ja fast extrem; andere sind ebenfalls gerade, aber weniger betont. Die scharfen Linien lassen sich am besten als rautenförmige und dreieckige Formen beschreiben, die geraden als quadratische und rechteckige Formen. In beiden Fällen kann man die Linienführung von Körper- und Gesichtslinie als gerade bezeichnen. Die eine ist eine «betont gerade», die andere eine «gerade» Linie. Sie sollten sich nicht von hervorstechenden Merkmalen, wie zum Beispiel einem großen Busen, breiten Hüften oder vollen Oberschenkeln ablenken lassen. Konzentrieren Sie sich auf den Gesamteindruck von Gesichtszügen und Silhouettenführung.

Diejenigen unter Ihnen, deren Linienführung bei den Körperformen gekrümmt ist, haben entweder weiche, fließende Kurven oder deutliche Rundungen. Die Figur ist rundlich, mit geschwungenen Hüften, betonter Taille und vollem Busen.

Die Gesichtsform ist oval, rund, herz- oder birnenförmig. Die Wangen können rundlich sein, die Lippen voll, die Augen rund

RUNDLICHE KÖRPERTYPEN

Sehen Sie sich die Beispiele für die rundlichen Körpertypen genau an:

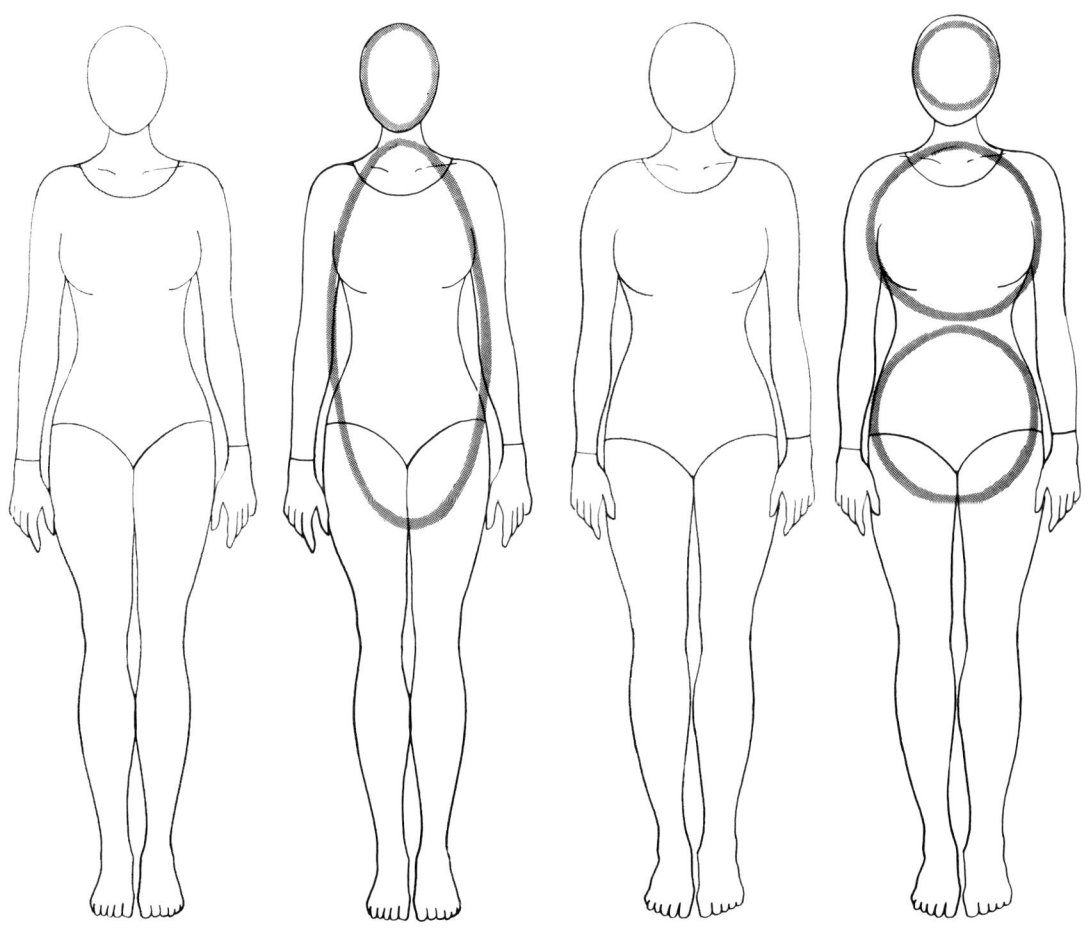

leicht kurvig

kurvig

Beachten Sie, wie die geometrischen Figuren die Grundform jeder Figur betonen.

oder mandelförmig. Die Körperformen kann man ebenfalls als rund, oval, herz- oder birnenförmig bezeichnen. In allen Fällen kann die Linienkrümmung als oval oder kreisförmig beschrieben werden, abhängig vom Grad der Krümmung.

Wenn die «Geradlinigkeit» oder die Rundungen Ihrer Figur nicht offensichtlich sind, läßt sich Ihre Körperlinie wahrscheinlich am besten als eine Kombination aus geraden und gekrümmten Linien beschreiben. Die Körperkrümmungen eines großen Menschen sind vielleicht nicht so augenfällig, weil die Körperhöhe den Eindruck einer geraden Linie betont. Das Ergebnis wäre dann eine abgerundete, gerade Linie. Sie müssen jedoch nicht unbedingt groß sein, um unter diese Kategorie zu fallen.

Eine abgerundete, gerade Linie läßt sich auch bei den Menschen feststellen, deren «Linienführung» im Gesicht einen Gegensatz zur Silhouettenlinie bildet. Rundliche Gesichtszüge und ein gerader Körper oder eine leicht rundliche Figur und gerade Gesichtszüge verbinden sich zu einer abgerundeten, geraden Linie. Diese geraden Gesichtszüge haben oft einige weiche Kanten, die ein Gleichgewicht von geraden und gekrümmten Linien erzeugen. Die Ellipse, die man auch als verlängertes Oval bezeichnen könnte, umschreibt diesen Figurentyp am besten. Wenn Sie Schwierigkeiten dabei haben, Ihre Körperlinie zu bestimmen, haben Sie höchstwahrscheinlich eine «abgerundete, gerade» Körperlinie.

ABGERUNDETE KÖRPERTYPEN

Sehen Sie sich die Beispiele für die beiden Arten von abgerundeten Körpertypen genau an:

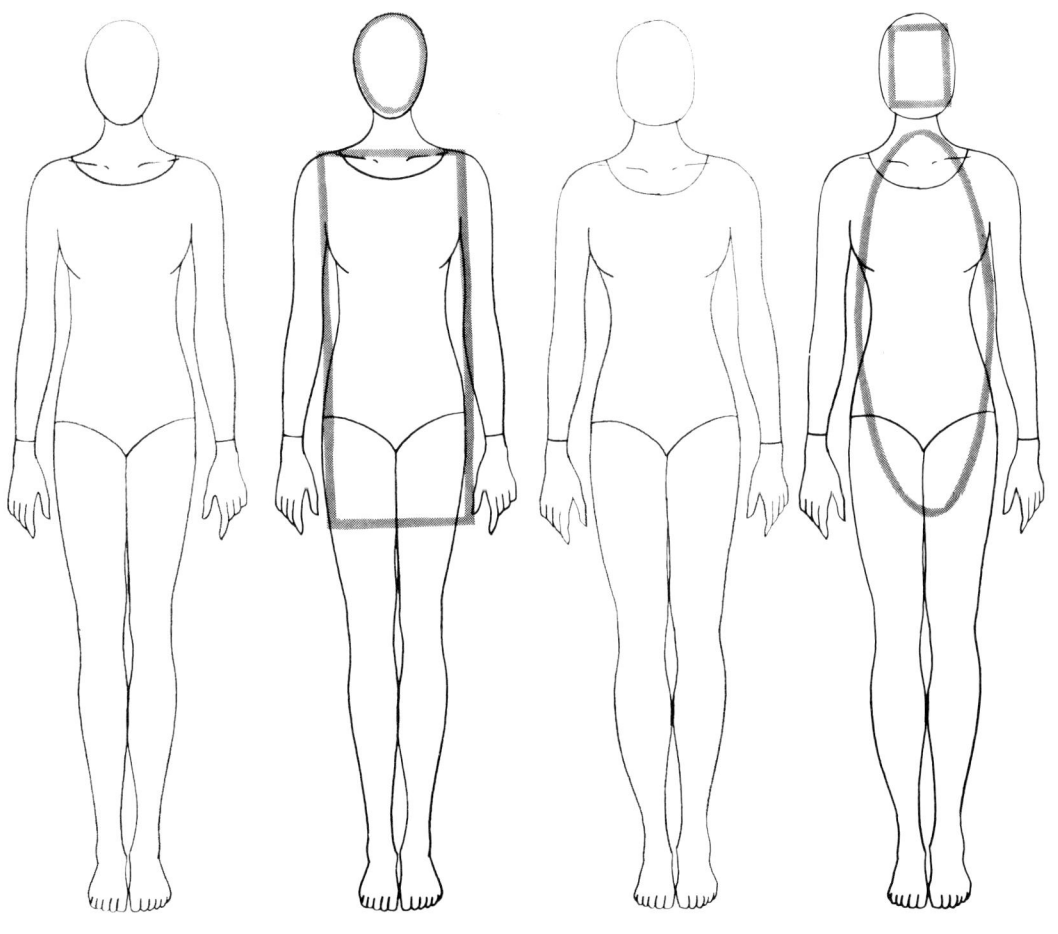

abgerundet

abgerundet

Beachten Sie, wie die geometrischen Figuren die Grundform jeder Figur betonen.

FRAGE: *Immer wenn ich mir den Blazer meiner Zimmerkollegin ausleihe, sehe ich älter aus und fühle mich hineingezwängt, obwohl wir die gleiche Größe tragen. Woran liegt das?*

ANTWORT: Blazer haben meistens eine gerade Schnittführung, kantige Aufschläge und eckige Details. Wahrscheinlich passen bei Ihrer Kleidung abgerundete Linien besser zu Ihnen. Wenn Sie eine Jacke auswählen, sollten Sie auf Schalkragen, angeschnittene Taille und rundliche Details achten. Sie können dennoch einen schönen klassischen Look erreichen, wenn Sie die Linienführung Ihres Körpers mit Linien ergänzen, die zu Ihnen passen.

FRAGE: *Ich bewundere immer diese wunderbaren Seidenblumen, die am Revers getragen oder abends hinters Ohr gesteckt werden. Aber jedesmal, wenn ich es versuche, komme ich mir lächerlich vor, wie eine alternde Carmen Miranda.*

ANTWORT: Wahrscheinlich haben Sie eckige Gesichtszüge und gerade Körperlinien. Kleidungsstücke und Accessoires mit gerader Schnittführung sehen bei Ihnen ausgewogener aus. Versuchen Sie es einmal mit einer schönen geometrischen Brosche am Revers oder mit einem Seidenschal, der ein abstraktes Muster hat und den Sie sich locker in die Brusttasche stecken.

Egal, ob Sie groß oder klein sind, eine schlanke oder eine schwere Figur haben: Sie können Ihre Gesichtszüge und Ihre Körpersilhouette mit Begriffen wie gerade oder gekrümmt umschreiben. Es spielt keine Rolle, wie gerade oder wie gekrümmt sie sind, wichtig ist nur der Gesamteindruck. Sehen Sie sich die unten abgebildeten Körperformen an, deren Linienführung von betont gerade bis stark kurvig geht. Sehen Sie die leichte Veränderung von einer Körperform zur nächsten? Denken Sie daran, daß es viele Variationen dazwischen gibt, da jeder Mensch eine einzigartige Figur hat.

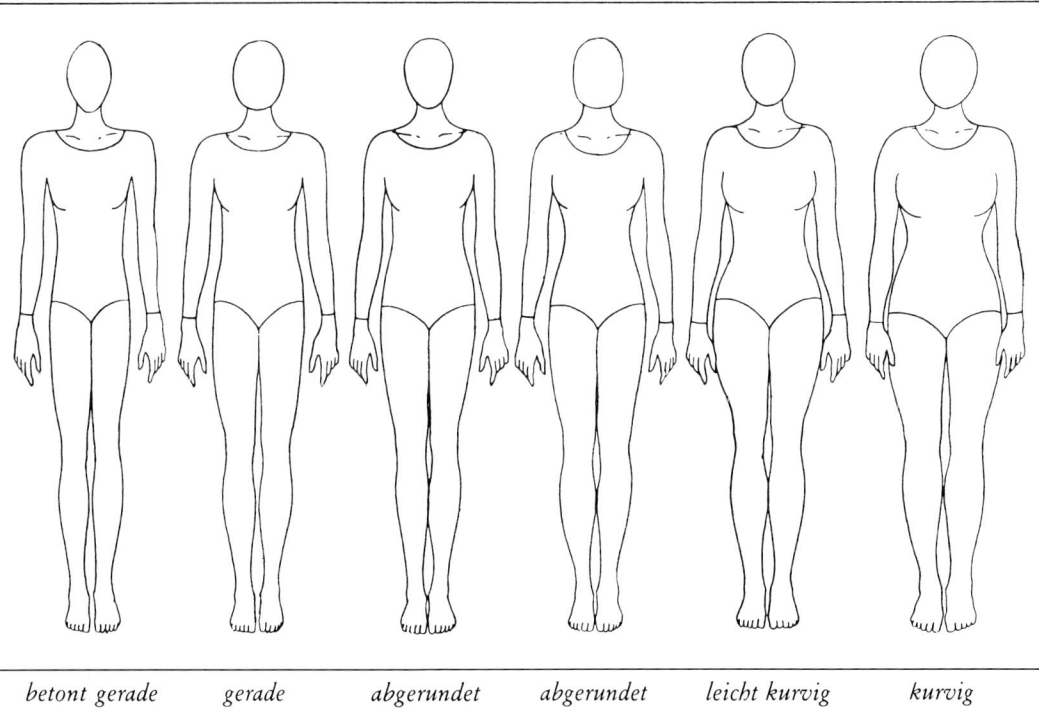

| betont gerade | gerade | abgerundet | abgerundet | leicht kurvig | kurvig |

Die Tabelle mit der geometrischen Einteilung beschreibt Gesichtszüge und Körperformen durch Linien und geometrische Figuren:

GEOMETRISCHE EINTEILUNG

	Betont gerade	*Gerade*	*Abgerundet*
Gesichtsform	Raute Quadrat Dreieck	Quadrat Rechteck Oval (mit eckigem Kinn)	Oval Ellipse
Körperform	Umgekehrtes Dreieck (breite Schultern) Rechteck oder Kombination aus Rechteck und Dreieck	Quadrat Rechteck	Rechteck mit leichter Krümmung
Gesamt-eindruck	Dreieck (breite Schultern) Eckiges Gesicht, gerader Körper	Rechteck	Ellipse mit leichter Andeutung einer Rundung

Figur mit Maske

GEOMETRISCHE KATEGORIEN

	Abgerundet II	*Leicht kurvig*	*Kurvig*
Gesichtsform	Quadrat	Oval	Kreis
	Leicht abgerundetes Quadrat oder Rechteck	Kreis	Oval
Körperform	Ellipse	Ellipse	Oval oder Kreis
		Oval	
Gesamteindruck	Ellipse, leicht abgerundet kurvig	Oval und klar umrissene Kurve	Rundliche, sehr kurvige, üppige Figur
Figur mit Maske			

Welches ist Ihr Platz auf der Tabelle?

Auch wenn Sie immer noch Schwierigkeiten dabei haben zu entscheiden, wie sich Ihre Gesichtszüge und Ihre Körperlinie am besten beschreiben lassen, sollten Sie sich keine Gedanken machen. Wir suchen nur nach der vorherrschenden Linie, die den ersten Eindruck Ihrer körperlichen Merkmale am besten beschreibt.

Von der betont geraden Linie bis zur abgerundeten und sehr kurvigen gibt es fließende Übergänge, die allmählich ineinander übergehen. Jeder einzelne von uns hat eine individuelle und einzigartige Körperform, die irgendwo zwischen betont gerade und kurvig eingeordnet werden kann, was von der vorherrschenden Linie unseres Schattenwurfes abhängt. Es ist nicht wichtig, einen bestimmten Punkt auf dem Liniendiagramm zu wahlen oder sich Sorgen darüber zu machen, ob die eigene Figur betont gerade oder nur gerade ist. Es reicht zu wissen, daß man in den geraden Bereich gehört und nicht in den kurvigen oder umgekehrt. Sie werden bemerken, daß die Kategorien für Gesichts- und Körperform sich in den Tabellen der geometrischen Formen überlappen.

Es ist interessant, eine kleine Gruppe von Frauen einmal der Reihe nach anzuordnen, angefangen bei derjenigen, die die geradeste Silhouette und Gesichtsform hat, bis zu jener mit der rundlichsten. Sie werden eine Reihe von feinen Variationen feststellen. Auch wenn mehrere Mitglieder der Gruppe gerade Körperlinien haben, wird doch jede anders aussehen. Einige Linien treten deutlicher hervor als andere, und einige werden wahrscheinlich in den Bereich der abgerundeten, geraden Linien fallen. Der Zweck bei dieser Aufstellung ist zu zeigen, wie kontinuierlich die Linie von einem Körpertyp zum nächsten verläuft.

Für unseren Zweck ist es nur wichtig, den Bereich zu finden, der Ihre Körpergröße und Figur am besten beschreibt. Elizabeth Taylor würde in **Bereich C** gehören, Nancy Reagan in **Bereich B** und Cher in **Bereich A.**

Gerade		*Abgerundet*		*Kurvig*	

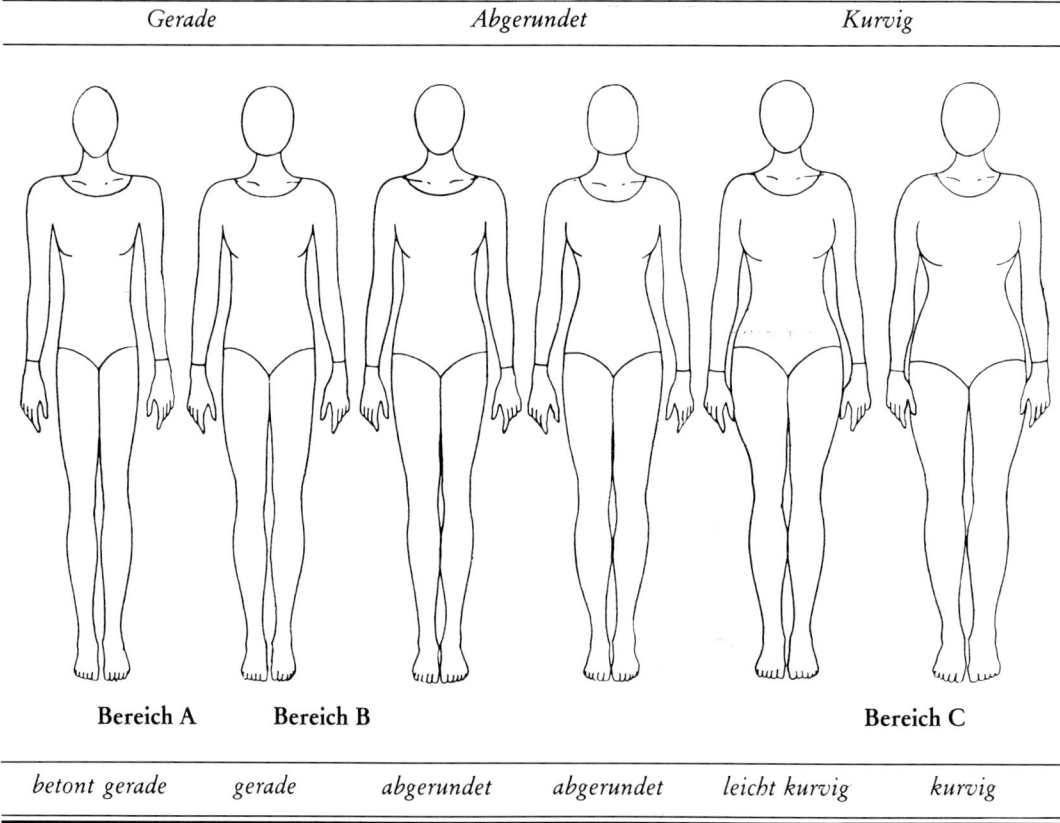

Bereich A	**Bereich B**			**Bereich C**	
betont gerade	*gerade*	*abgerundet*	*abgerundet*	*leicht kurvig*	*kurvig*

Eine gerade Körperlinie kann also betont und gerade sein oder zu einer abgerundeten, geraden Linie tendieren; die Körperlinie wird dennoch als «gerade» definiert. Abgerundete Körperlinien können entweder zu einer geraden oder kurvigen Linienführung neigen; trotzdem werden sie als «abgerundet» bezeichnet. Beide, sowohl die leicht kurvige als auch die kurvige Körperlinie, können der Einfachheit halber «kurvig» genannt werden. Wir betrachten daher drei Grundtypen von Körperlinien: gerade, abgerundete und kurvige.

Sehen Sie sich die unten aufgeführten Beispiele bekannter Frauen an, die verschiedene Körperlinien haben:

- **Betont gerade**
  Cher   Ute Lemper
  Diane Keaton   Diana von Fürstenberg

- **Gerade**
  Nancy Reagan   Geraldine Ferraro
  Katharine Hepburn   Jacqueline Onassis

- **Abgerundet**
  Jane Fonda   Prinzessin Diana
  Linda Evans   Farrah Fawcett

- **Leicht kurvig**
  Ann Margret   Linda Carter
  Catherine Deneuve   Joan Collins

- **Kurvig**
  Elizabeth Taylor   Dolly Parton
  Zsa Zsa Gabor   Tina Turner

Einige unter Ihnen haben größere Flexibilität bei der Beschreibung Ihrer Körperlinie, weil Ihre Merkmale nicht extrem oder übertrieben sind. Da die beiden Extreme – betont gerade und kurvig – derart deutlich definiert sind, kann man sie am leichtesten identifizieren. Wenn die Linie nicht so stark hervortritt, kann der Bereich natürlich weiter gefaßt werden. Aber auch wer zum abgerundeten Linienbereich gehört, kann erkennen, ob sie zu den geraden oder kurvigen Linien tendiert.

ABSTUFUNGSBEREICHE

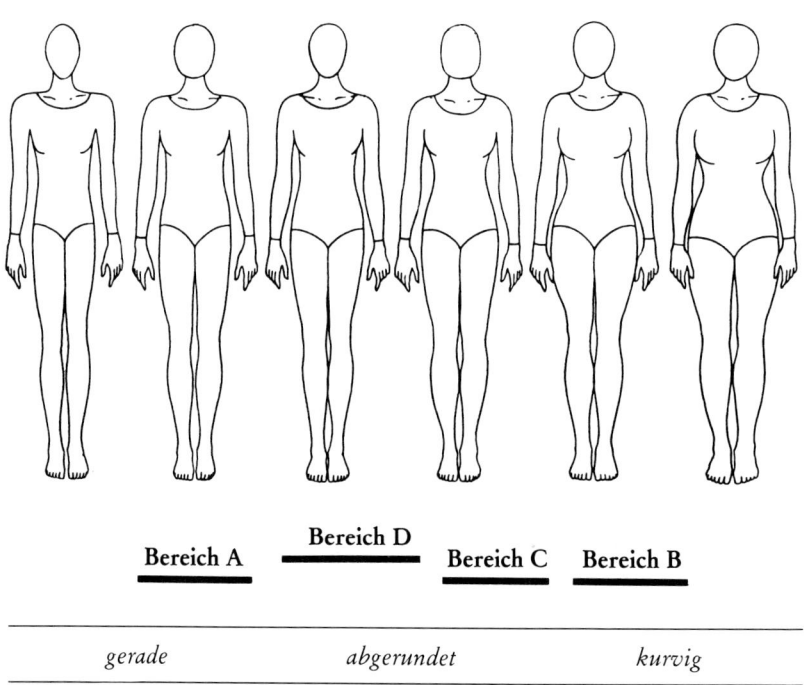

Bereich A	Bereich D	Bereich C	Bereich B
gerade	abgerundet		kurvig

Der **Linienbereich A** beschreibt einen Körpertyp, in dem gerade Linien vorherrschen. Es spielt dabei keine Rolle, wie gerade Ihre Körperlinie ist: Sie gehören zum geraden Bereich.

Bereich B beschreibt den kurvigen Körper. Unabhängig vom Grad der Krümmung kann man diesen Bereich als kurvig bezeichnen.

Bereich C beschreibt eine abgerundete Linienführung. Da die Definition nicht so eindeutig ist wie die gerade oder kurvige, zählen mehr Körpertypen dazu. Die Richtung dieses Bereichs tendiert jedoch zur kurvigen Linie.

Bereich D beschreibt einen abgerundeten Körper, dessen Richtung zur geraden Linie tendiert.

VERSCHIEBUNGEN AUF DEM DIAGRAMM

Wenn wir unsere Teenagerzeit hinter uns lassen, zwanzig oder dreißig Jahre und älter sind, verändert sich wahrscheinlich unsere Figur. Wir werden schwerer, und unsere Körperlinie wird weicher, genau wie unsere Gesichtzüge. Grace Kelly hatte als junge Filmschauspielerin eine abgerundete Linienführung bei Gesichts- und Körperform. Im reiferen Alter verschob sich die Körperlinie der Fürstin Grace von Monaco auf dem Diagramm in Richtung einer leicht kurvigen Linie. Wenn Sie an Ihre Jugendzeit oder an die Jahre jenseits der Dreißig zurückdenken, werden Sie wahrscheinlich feststellen, daß Ihre Körperlinie eine vergleichbare Weiterentwicklung auf dem Diagramm durchmacht. Obwohl Sie vielleicht eine Bewegung von betont gerade zu gerade feststellen, von abgerundet zu leicht kurvig oder von leicht kurvig zu kurvig, geht die Bewegung nie von einem Ende des Diagramms zum anderen. Die Knochenstruktur und die Gesichtszüge, mit denen Sie geboren wurden und die einen Teil Ihrer Persönlichkeit ausmachen, sind immer vorhanden. Lernen Sie, diese zu erkennen, und bauen Sie darauf Ihren persönlichen Stil auf!

Die Kleidung
als Erweiterung der
Persönlichkeit

In der Geschichte der Menscheit wurden immer wieder andere Körperlinien bevorzugt, die als Schönheitsideal galten. Zur Zeit der alten Ägypter betrachtete man die große, schlanke Figur und das eckige Gesicht als ideal. Gottheiten wurden immer auf diese Weise dargestellt. Während der Entwicklung der westlichen Zivilisation hielt man den kurvigen, rundlichen Körper für das höchste Schönheitsideal. Extrem schlanke Figuren waren gelegentlich modern, zum Beispiel in der «Twiggy»-Zeit. Heute gilt in der Modewelt die große, schlanke, leicht kurvige Figur, die ein ovales Gesicht hat, als die perfekte Kombination.

Egal, welche Figur gerade «in» ist – wir werden bombardiert mit Informationen, die uns lehren, wie wir den Körper, den wir haben, verstecken können. Wenn es modern ist, groß und schlank zu wirken, liest man, wie man die Körperkurven mit geraden Linien verschleiert. Gerade, senkrecht verlaufende Linien geben den Eindruck von Länge. Ein gerades Kleid mit einer vertikalen Mittelnaht sieht länger aus als ein Kleid ohne Naht. Aber wie sieht es an einem kurvigen Körper aus? Es bedeckt natürlich die Kurven, wirkt aber steif und völlig beziehungslos zu der Figur, die in ihm steckt. Die Trennung zwischen Kleidung und Trägerin ist offenkundig; Harmonie und Gleichgewicht fehlen. Damit die Kleidung wie eine Ergänzung wirkt, muß eine Beziehung zwischen ihr und der Figur bestehen, so daß die Kleidung zu einer natürlichen Erweiterung der Persönlichkeit wird.

Stellen Sie sich einmal Elizabeth Taylor in einem geraden Rock, einer langen, geraden zweireihigen Jacke mit kantigem Revers vor. Warum würde dies kein ausgewogenes Bild ergeben? Sie braucht Kleidungsstücke mit weichen Rundungen, die die

Kurven ihres Körpers ausgleichen und ergänzen. Ein Kostüm aus weichem Wollcrêpe mit einem leicht ausgestellten oder lokker geschnittenen Rock, eine kurze Jacke mit rundlichem Revers und leicht angeschnittener Taille würden ihre Figur gut ergänzen. Dagegen würde Cher in einem gerade geschnittenen Rock und passender Jacke wundervoll aussehen, weil dies ihre geraden Körperformen und das eckige Gesicht ergänzt.

Glücklicherweise muß die Frau von heute ihren Körper nicht mehr verschleiern oder verändern, sobald ein neues «Ideal» auftaucht. Statt dessen kann sie mit ihrer Körperlinie arbeiten, um deren Schönheit zu betonen. Es ist doch viel einfacher, wir selbst zu sein, statt verzweifelt zu versuchen, Formen zu ändern, mit denen wir geboren wurden. Wenn wir wissen, daß wir unser bestmögliches Aussehen zeigen, können wir es genießen, wir selbst zu sein. Und es ist zudem viel bequemer!

DAS GLÜCK, SICH WOHL ZU FÜHLEN

Ich benutzte das Wort «bequem» häufig in meinen Kursen und Vorlesungen. Alan Alda bittet in dem Film *Same Time Next Year* Ellen Burstyn, ihren Mann um seinetwillen zu verlassen. Obwohl ihre Ehe schon lange besteht und keinesfalls vollkommen ist, lehnt sie ab. Sie sagt, daß ihre Ehe «bequem» sei. Ich denke oft über die Bedeutung dieses Wortes in dem Film nach und wie man es auf unser Leben anwenden kann. Anerkennung, Sicherheit, Zufriedenheit, Zusammengehörigkeitsgefühl und das Wissen, sich nicht verstellen zu müssen, gehören dazu, um sich wohl zu fühlen. Wenn man seinen Stil als «bequem» empfindet, fühlt man sich mit sich selbst und dem Leben im Einklang.

ZU KLEIN, UM «PERFEKT» ZU SEIN?

Wenn Sie mit Ihren Körperlinien bei der Wahl Ihrer Kleidung arbeiten, betonen Sie Probleme wie Über- oder Untergewicht nicht, weil Sie mit der passenden Linienführung, den geeigneten Stoffen, Mustern und Materialien, die für Sie richtig sind, arbeiten. Und Sie können Ihre Körpergröße akzeptieren. Warum sollte man ein unvorteilhaftes Kleid tragen, nur um ein paar Zentimeter größer zu wirken? Lernen Sie, die richtigen Linien und Proportionen zu tragen.

Es wurden zahllose Artikel darüber geschrieben, wie ein kleiner Mensch größer wirken kann. So können Sie zum Beispiel einen Gürtel aus dem gleichen Material tragen, aus dem auch Ihr Kleid besteht, so daß beim Kleid eine fortlaufende Linie erzeugt wird. Ich habe kaum je einen Gürtel aus dem gleichen Material wie das Kleid gesehen, der es nicht billig wirken ließe. Deshalb bevorzuge ich einen Ledergürtel, der sich abhebt, oder eine Krawatte. Auch wenn Sie klein sind, können Sie einen abstechenden Gürtel tragen, der etwas tiefer als die Taille sitzt. Tragen Sie Strümpfe und Schuhe in der gleichen Farbe, die auch der Rocksaum hat, um einen abgeschlossenen Eindruck zu geben. Die positive Wirkung eines schönen Gürtels übertrifft den möglicherweise negativen Effekt, den ein falscher Gürtel erweckt, den man nur trägt, um größer zu wirken. Wenn Sie klein sind, sollten Sie dies akzeptieren. Verbringen Sie nicht Ihr Leben mit dem vergeblichen Wunsch, groß zu sein. Tragen Sie keine unvorteilhaften Kleidungsstücke, nur um ein bißchen größer zu wirken. Es gibt so viele schöne modische Dinge für Sie, in denen Sie sich wohl fühlen können, statt sich wegen der Körpergröße zu sorgen.

NEIN ZUM IDEALEN OVAL

Genau wie der «ideale» Körper rückte auch das ovale Gesicht in den Mittelpunkt. Wir wurden sogar soweit gebracht, nach einem ovalen Gesicht zu streben und unserem mehr oder weniger zu diesem Aussehen zu verhelfen, indem wir das entsprechende Make-up oder eine bestimmte Frisur wählten. Wie langweilig wäre es, wenn jeder mit einem «fast» ovalen Gesicht herumliefe! Ein ovales Gesicht paßt wunderbar zu dem Menschen, der damit geboren wurde. Die übrigen von uns müssen aus den Gesichtsformen, die sie haben, Nutzen ziehen. Egal, welche Gesichtsform Sie haben, sie betont Ihre Persönlichkeit. Ihr Gesicht ist ein Spiegel Ihrer selbst. Lassen Sie Ihre wunderbaren Kanten wirken, betonen Sie Ihre Rundungen.

Die für Sie harmonischste und vorteilhafteste Kleidung hat dieselbe Linienführung wie Ihr Körper und Ihr Gesicht. Versuchen Sie nicht, Ihre Figur zu ändern – bringen Sie sie zur Geltung! Wir wollen uns einmal die Kleidungslinien ansehen, die Ihnen dabei helfen, einen erfolgreichen, persönlichen Stil zu entwickeln, indem Sie *mit* Ihrer Körperlinie arbeiten, *nicht gegen* sie.

Teil III

IHRE
KLEIDUNGSLINIE

Welche
Linienführung
ist die richtige
für Sie?

Bei der Betrachtung jedes einzelnen Kleidungsstücks gibt es mehrere Linien, die man berücksichtigen kann. Eine dieser Linien ist die Silhouette – der Schnitt oder die äußere Linienführung eines Kleidungsstücks. Genau wie die Körperlinien haben einige Kleidungsstücke sehr kantige Umrisse, andere haben gekrümmte Linien. Es gibt dieselben Gradabstufungen, angefangen bei den geraden bis hin zu den weichen Linien. Wir wollen mit den betont geraden Kleidungslinien beginnen und zu den kurvigsten übergehen.

Die kantigen Linien des Kostüms, das in der Abbildung unten als betont gerade bezeichnet wird, spiegeln sich in seinen betonten Kanten wider, in seinen breiten, klar umrissenen Schultern, den Verschlußkanten und Saumlinien im Vergleich zu den weniger betonten geraden Linien der Abbildung des geraden Kostüms.

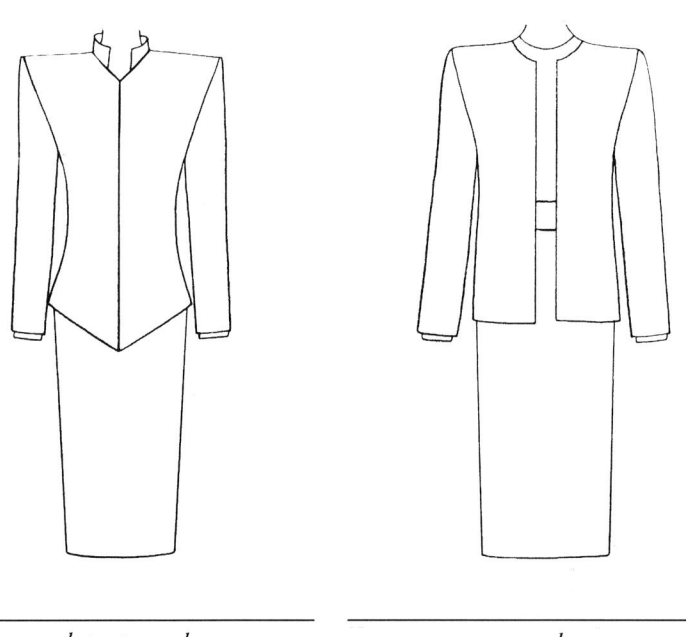

betont gerade   *gerade*

Wenn wir uns in dem Spektrum weiter vorarbeiten, kommen wir zur Kleidung, deren Linien ich als abgerundet bezeichne. Diese Linienführung erreicht man, indem man Umrißlinien verwendet, die glatt und weich sind und nur eine leichte Krümmung haben, oder indem man gerade Linien mit lockerer, nichtausgestalteter Paßform und/oder mit einem weichen Wollstoff benutzt. Die lockere Ausarbeitung erzeugt ein Gefühl von Weichheit, ohne Krümmungen offensichtlich hervortreten zu lassen.

Hier sind zwei Arten von Kleidungsstücken mit abgerundeter Linie abgebildet:

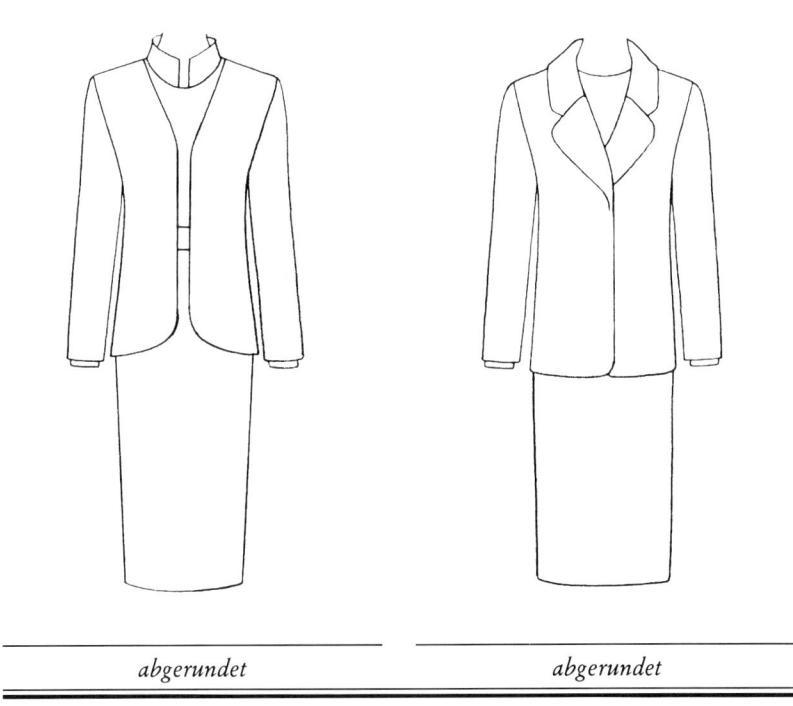

abgerundet   *abgerundet*

Als nächstes wollen wir die Kleidung mit leicht kurvigen und kurvigen Umrißlinien betrachten. Kurven entstehen durch den Schnitt und die Form des Kleidungsstückes, wie diese Abbildungen zeigen:

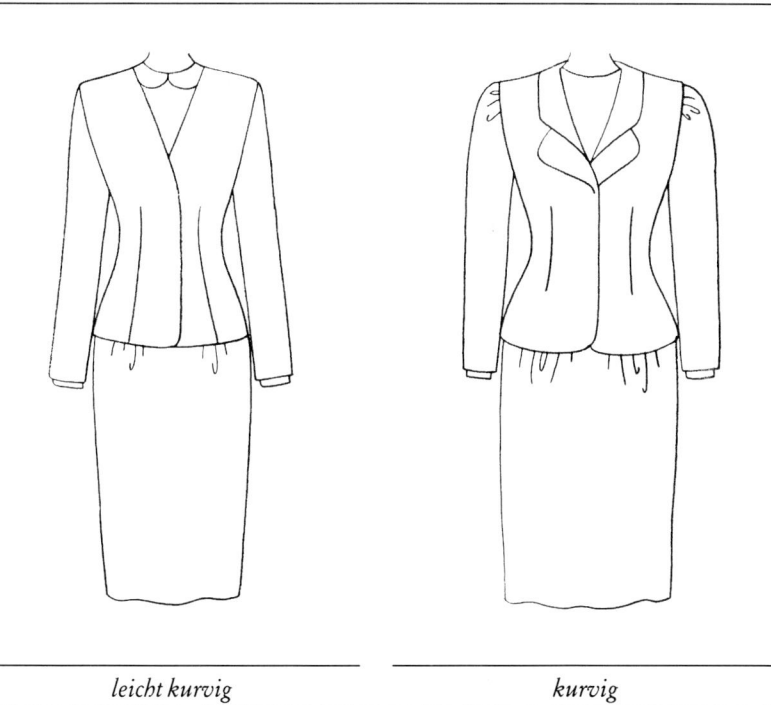

| *leicht kurvig* | *kurvig* |

Die verschiedenen Typen von Kleidungsstücken kann man wie die verschiedenen Körperformen in einem Diagramm nebeneinander aufreihen. Man kann Tausende von Silhouetten in diese Reihe stellen. Denken Sie immer an die Kontinuität — nicht an eine begrenzte Anzahl von einzelnen Kategorien.

Es ist der Gesamteindruck, der durch Umriß, Faltenwurf und den Schnitt des Kleidungsstücks entsteht und der die Merkmale der vorherrschenden Umrißlinie bestimmt. Sie sollten in der Lage sein, eine – insgesamt gesehen – gerade Linie, eine kurvige Linie oder eine dazwischenliegende, abgerundete Linie zu identifizieren.

FORTLAUFENDES DIAGRAMM
DER SILHOUETTEN

| betont gerade | gerade | abgerundet | abgerundet | leicht kurvig | kurvig |

Das Erkennen
von
Detaillinien

Die Detaillinien betonen den Gesamteindruck eines Kleidungs-
stücks und sind für seine ausgewogene Wirkung verantwortlich.
Details, die eine gerade Linie schaffen, sollten bei Kleidungs-
stücken Verwendung finden, die eine gerade Silhouette haben.
Details, die Rundungen betonen, sollten bei den entsprechenden
Kleidungsstücken eingesetzt werden.

Für abgerundete Silhouetten ist es möglich, gerade Details zu
verwenden, solange der Gesamteindruck des fertigen Stücks
einen weichfließenden Eindruck gibt. Dieser läßt sich erreichen,
indem man einen weichen Stoff wählt oder bei einem Kleidungsstück eine einzelne gerade Linie verwendet, wenn der übrige Teil
vom Zuschnitt und von der Linie her weich ist. Einer überbeton-
ten geraden Linie bei einem Rock kann man durch einen Kapu-
zenkragen oder einen Schalkragen an der Bluse entgegenwir-
ken. Es ist auch möglich, einige kurvige Details zu verwenden,
zum Beispiel einen runden Kragen, eine runde Passe oder
Tasche, solange das Endergebnis nicht völlig kurvig ist. Eine
nichtausgearbeitete Jacke oder ein gerader Faltenrock bilden ein
Gleichgewicht zu diesen Rundungen. Insgesamt gesehen resul-
tieren gerade Linien, die leicht abgerundet wirken, aus weicheren Linien oder aus einer Kombination von geraden und kurvigen Linien.

Die Details, die die einzelnen Linientypen am besten beschreiben, sind in der Tabelle für Detaillinien aufgeführt.

DETAILLINIEN

	Gerade Linien	*Abgerundete Linien*	*Kurvige Linien*
Abnäher	Lange, gerade Abnäher Deutliche Abnäher oder keine Abnäher	Gerade oder gefältelt	Weiche Raffung anstelle von Abnähern Weiche Falten anstelle von Abnähern Leicht gerafft
Nähte	Deutliche Nahtlinien Steppstich Kontrastierende Paspeln, Borten oder Besatz	Gerade, nicht ausgearbeitet Steppstich in der Farbe des Stoffes	Schmale Nähte Kurvige Nähte Kein Steppstich Feiner Steppstich Gerafft
Falten	Eingebügelt Eingenäht Asymmetrisch	Eingebügelt (bei weichem Stoff) Nicht eingebügelt	Weich Nicht eingebügelt Gekräuselt Gerafft
Ärmel	Eingesetzt Gerade Falte an der Schulter Quadratische Schulterpolster Sich verjüngende Ärmel Steife Puffärmel	Eingesetzt Raglan Capeartiger Ärmel Leichtgepolsterte Schultern Runde Schulterpolster	Gekräuselt Gerafft Abfallende Schultern Raglan Weich Voll und gebauscht Runde Schulterpolster

	Gerade Linien	Abgerundete Linien	Kurvige Linien
Revers	Sehr kantig	Eingeschnitten (bei weichem Stoff)	Abgerundet
	Eingeschnitten	Schalkragen	Kurvig
	Gerade, mit Einlage	Herabfallend	Schalkragen
	Spitz zulaufend	Abgerundet	Schräg geschnitten
	Spitz	Kantig oder spitz bei weichem Stoff	
Kragen	Spitz zulaufend	Gerade (bei weichem Stoff)	Abgerundet
	Eingeschnitten	Rollkragen	Rollkragen
	Gerade, mit Einlage	Kapuzenkragen	Kapuzenkragen
	Quadratisch	Eingeschnitten	Eingeschnitten (mit abgerundeten Kanten)
	Stehkragen		
	Paspeliert		
Taschen	Klar abgehoben	Aufgesetzt, unten abgerundet	Taschenklappe
	Eckig	Schlitztasche	Abgerundet
	Paspeliert	Taschenklappe	Eingesetzt
	Schlitztasche	Eckig (aus weichem Stoff)	
Jacke	Nicht überlappend	Besatz aus demselben Stoff	Leicht angeschnitten
	Gerade Saumlinie	Leicht definierte Taille	Deutlich definierte Taille
	Tailliert oder locker	Locker	Abgerundete Unterkante
	Asymmetrischer Verschluß	Nicht ausgearbeitet	Kurvige Verschlußkante
	Kontrastierende Knöpfe oder Besatz		
Halsaus-schnitte	Eckig	Bateau-Ausschnitt	Rund
	Bateau-Ausschnitt	Abgerundet	Tiefer, runder Ausschnitt
	Spitz	Rollkragen	In Falten gelegt
	Kontrastierender Besatz	Tiefer, runder Ausschnitt	Mit Volants besetzt
	V-Ausschnitt	V-Ausschnitt	Gekräuselt
	Mandarinkragen	Kapuzenkragen	Kapuzenkragen

In dem Diagramm, das die Detaillinien zusammen mit den verschiedenen Kleidungslinien aufführt, können Sie die Bewegung von einem Ende zum anderen verfolgen, wobei sich die Linie langsam von gerade zu kurvig hin verändert.

DETAILLINIEN

| betont gerade | gerade | abgerundet | abgerundet | leicht kurvig | kurvig |

Betrachten Sie jetzt das Diagramm, das die Körper- und Kleidungslinien zeigt. Achten Sie auf die direkte Beziehung zwischen Kleidungs- und Körperlinie. Diese Kleidungsstücke erzeugen ein schönes Gleichgewicht, da sie wie eine natürliche Erweiterung des Körpers wirken.

| betont gerade | gerade | abgerundet | abgerundet | leicht kurvig | kurvig |

KÖRPERLINIEN

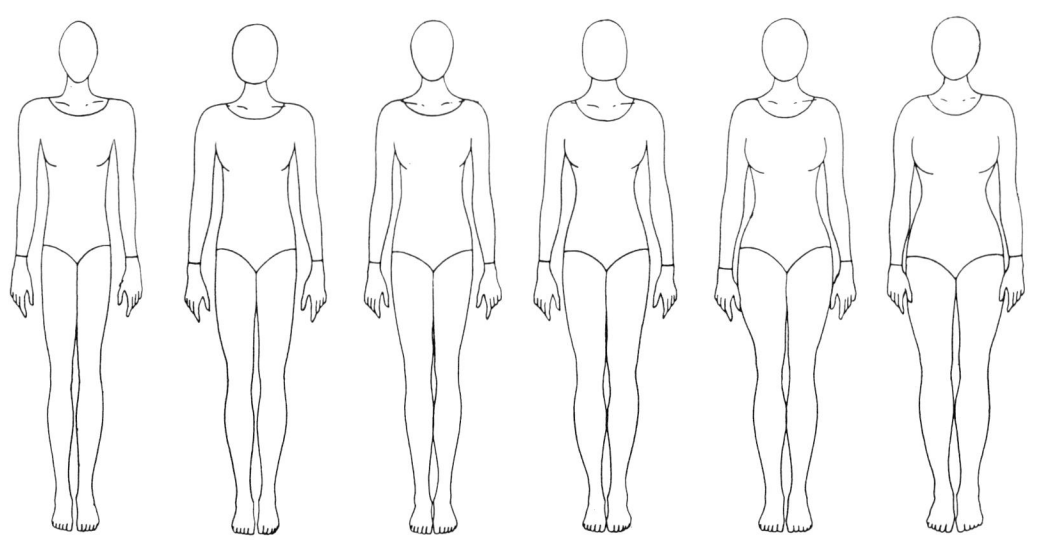

LINIENFÜHRUNG DER KLEIDUNG

| betont gerade | gerade | abgerundet | abgerundet | leicht kurvig | kurvig |

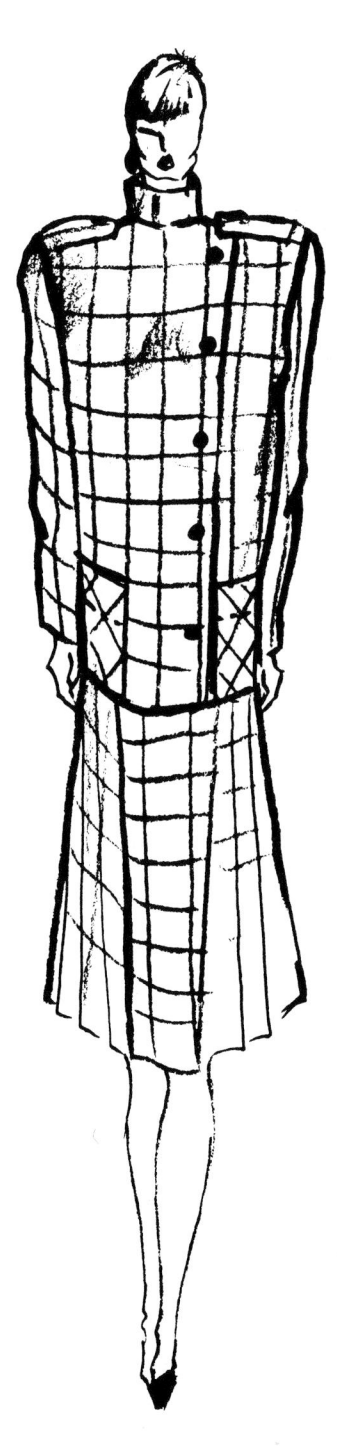

Merkmale, die die Kleiderlinien beeinflussen

STOFFGEWICHT

Wenn man Stoffe betrachtet, ist es wichtig, auf das Gewicht, das Muster und die Struktur zu achten, da auch diese Merkmale die Richtung der Linie beeinflussen. In der Geometrie hat eine Linie nur eine Dimension. Aber da wir sie hier als einen Modebegriff verwenden, werde ich andere Dimensionen hinzufügen, die helfen, einige Kleidungsmerkmale zu beschreiben, und erklären, wie man diese Charakteristika mit den jeweiligen Körpermerkmalen in Einklang bringen kann.

Neben der einzigen Dimension einer Linie – ihrer Länge und ihrem Verlauf – ist es wichtig, sich mit der zweiten Dimension zu beschäftigen: mit der Breite der Linie. Wenn man einen Stift kauft, muß man entscheiden, wie breit die Spitze sein soll. Die Spitzen von Minen gehen über fein zu mittel und breit. Betrachten wir einmal dieselbe Jacke, die mit einem Stift mit feiner Spitze und dann mit breiter Spitze gezeichnet wurde.

Die eine sieht leichter und feiner aus; die andere wirkt schwerer und massiger. Was läßt die Linie eines Kleidungsstücks fein oder breit erscheinen, und wer würde die jeweilige Linie tragen? Diese Breite muß man in Betracht ziehen, wenn man sich mit dem Knochenbau und den Gesichtszügen auseinandersetzt.

Einige unter Ihnen haben feine, zarte Gesichtszüge und einen zierlichen Knochenbau, der unabhängig vom Gewicht ist. Sie brauchen beim Entwurf Ihrer Kleidung feine Linien, damit sie nicht zu schwer oder zu massig für Ihren Körperbau wirkt. Wie läßt sich diese feine Linienführung verwirklichen? Man verwendet feine Steppstiche, knappkantige Nähte oder keine Obernaht, feine, kleine Knöpfe, einen entsprechenden Besatz und passende Details, und feine Stoffe wie Wollcrêpe, feinen Gabardine, feinen Wollstoff, Seide, Chiffon, Bouclé und Batist. Auf keinen Fall sollte der Stoff massig oder schwer sein.

Einige haben einen gröberen Knochenbau und größere, kräftigere Gesichtszüge. Ein stärkerer Knochenbau ist der Grund für kräftigere Handgelenke, Fußgelenke, Beine und so weiter. Es sind keine Fehler oder Problemzonen, wenn Sie sie nicht mit Kleidung, deren Linienführung zu fein ist, hervorheben oder überbetonen. Das Gleichgewicht ginge dann verloren, und Ihre Kleidung käme nicht richtig zur Geltung. Sie brauchen eine Jacke, die mit einem breiteren Stift gezeichnet wurde. Wie läßt

sich dies erreichen? Sie sollten auf einen größeren Steppstich oder stärkeres Garn achten, auf einen halben Steppstich oder auf Nähte, die einen Nähmaschinenfuß weit von der Kante entfernt sind, auf schwerere und größere Knöpfe, Accessoires und Details und auf Stoffe wie Wollflanell, mittelschweren bis schweren Gabardine, Tweedstoffe, Leinen, Rohseide, Satin, Strickwaren und ähnliche Gewebe. Vermeiden Sie Stoffe, die leicht oder zart sind.

Diejenigen unter Ihnen, die keine besonders feinen Gesichtszüge und keinen zierlichen Knochenbau haben, aber auch keine besonders schweren Knochen und kräftigen Gesichtszüge, haben bei der Stoffwahl größere Möglichkeiten. Denken Sie aber immer daran, daß Sie ein Gleichgewicht herstellen wollen.

Wählen Sie keine Stoffe, die für Ihren Körperbau zu schwer oder zu leicht sind. Die traditionellen Seidenstoffe, Baumwollstoffe, Woll- und Leinenstoffe gibt es in verschiedenen Gewichtsqualitäten. Ein Stoff von mittlerer Schwere ist für Sie am besten. Gabardine, Chaly, Jersey und Satin sind eine gute Auswahl an mittelschweren Geweben. Sie sollten darauf achten, daß die Details, Besätze und Knöpfe weder zu klein noch zu groß sind, damit Sie ein wirklich ausgewogenes Aussehen gewinnen.

Während der Präsidentenschaft von J. F. Kennedy übte seine Frau Jacqueline eine enorme Wirkung auf die amerikanische Öffentlichkeit aus. Ihre klassischen Kostüme und die Pillbox-Hütchen hatten eine modische Wirkung, die Frauen überall nachahmen wollten. Ihr Stil paßte zu Ihrer Körperlinie. Einige der Stoffe jedoch waren für ihre Knochenstruktur und ihr breites Gesicht zu fein. Wollgabardine oder mittelschwerer Gabardine hätten ihre Figur besser ergänzt als der Wollcrêpe, den sie gewählt hatte. Ein schwerer Satin wäre für ihren romantischen Look besser gewesen als ein feiner Chiffon.

Die beiden folgenden Tabellen sollen Ihnen helfen zu entscheiden, ob Sie einen zierlichen, einen mittleren oder einen kräftigen Knochenbau mit den entsprechenden Gesichtszügen haben:

GESICHTSZÜGE

	Fein	*Durchschnittlich*	*Breit*
Nase	Schmal	Dazwischen	Breit, flach
	klein, dünn	Dazwischen	Kräftig, höckerig, groß
Lippen	Klar umrissen	Dazwischen	Voll, rund, groß
	Schmal, dünn	Dazwischen	
Mund	Schmal, fein	Dazwischen	Groß, voll
Augen	Schmal, mandelförmig	Dazwischen	Rund, groß, eckig
Kiefer (unter dem Ohr bis zur Kinnmitte gemessen)	12,5 cm	12,5 bis 15 cm	15 cm und mehr

KNOCHENBAU

	Maße des Handgelenks	*Maße des Fußgelenks*
zierlich	13,5 cm oder weniger	20 cm oder weniger
mittel	13,5 bis 15 cm	20 bis 22,5 cm
schwer	15 cm oder mehr	22,5 cm oder mehr

STRUKTUR

Die Struktur eines Stoffes kann man als grob, noppig oder locker gewoben beschreiben. Es ist die dritte «Dimension» der Linie – ihre Tiefe. Die Tiefe des Gewebes hat sowohl Auswirkungen auf die Richtung der Linie als auch auf ihre Breite. Sehen Sie sich die Abbildung derselben Jacke an, einmal mit Struktur und einmal ohne. Sie werden bemerken, daß die Linie durch die Struktur weicher wird, sie aber gleichzeitig massiger erscheinen läßt.

Beispiele zweier Jacken mit und ohne Struktur:

Oft werde ich gefragt: «Kann jeder strukturierte Stoffe tragen?» Ich sage dann immer, daß diese Frage nicht eindeutig zu beantworten ist. Modeschöpfer setzen Struktur oft zu Größe und Farbe in Beziehung. Sie benutzen häufig mehr Struktur bei gedämpften und monochromatischen Farben, um sie interessanter erscheinen zu lassen. Aber wenn wir uns nur mit Farbe und Größe beschäftigen, lassen wir die Wirkung außer acht, die die Struktur auf die Linie hat. Es ist wichtig zu bedenken, wie die Struktur die Richtung der Linienführung beeinflußt.

Es ist sehr schwer, kantige Linien mit einem lockeren, noppigen oder strukturierten Stoff zu erzeugen. Wenn Sie eine kantige Linie bei Ihrer Kleidung brauchen, um die gerade Linie Ihres Körpers zu ergänzen, sollten Sie Stoffe mit wenig oder keiner Struktur verwenden. Betont gerade Linien sehen besser bei enggewebten Stoffen aus, zum Beispiel bei Wollgabardine, Kammgarn oder Leinen, oder bei Stoffen, die leicht glänzen, wie Seide, Charmeuse oder Taft. Die einzigen Gewebe, die man tragen könnte, wenn eine kantige Linie erzeugt werden soll, wären feines Leinen, Thai-Seide, enggewebter Twill oder Tweed. Die Verwendung steifer Einlagen kann dabei helfen, bei einem Stoff, der sonst faltig oder weich fallen würde, eine kantige Linie zu erzeugen. Auch Litzen oder Besatz sind hier hilfreich.

Diejenigen unter Ihnen, deren Körperform in die kurvige Kategorie fällt, werden feststellen, daß die Wirkung von strukturierten Stoffen zu wünschen übrigläßt. Struktur läßt Ihre Kurven massig und uneben wirken statt weich und glatt. Es wird der Eindruck erweckt, übergewichtig zu sein (der typische Teddybär-Look). Weiche, glatte Stoffe fallen schön und erzeugen die weichen Falten, die bei einer kurvigen Linie unbedingt nötig sind. Stoffe wie Seide, Wollcrêpe, Jersey, Chaly und Mischungen aus Seide und Wolle sind hier angebracht.

Für diejenigen unter den Leserinnen, die eine abgerundete Linie brauchen, sind Strukturstoffe wunderbar geeignet. Alle weichgewebten Stoffe mit Struktur fallen automatisch in weichen, geraden Linien, ohne Kurven zu erzeugen. Das heißt aber nicht, daß derjenige, der abgerundete Linien braucht, nur strukturierte Stoffe tragen darf. In diesem Fall kann man alle Stoffarten tragen, einschließlich der glatten und glänzenden, solange das Gewicht des Stoffes dem Körperbau entspricht.

Wenn Sie das Diagramm betrachten, sehen Sie, wie man strukturierte Stoffe in einen Bezug zur Linie setzt. Diejenigen, die eine abgerundete Linie brauchen, können strukturierte Stoffe am besten tragen. Wenn Sie die Linie weiterverfolgen, sehen Sie, daß immer weniger Struktur vorhanden ist, je mehr Sie sich den beiden Extremen betont gerader und kurviger Kleidung nähern.

STRUKTUR

weniger ← —————— Maximum —————— → weniger

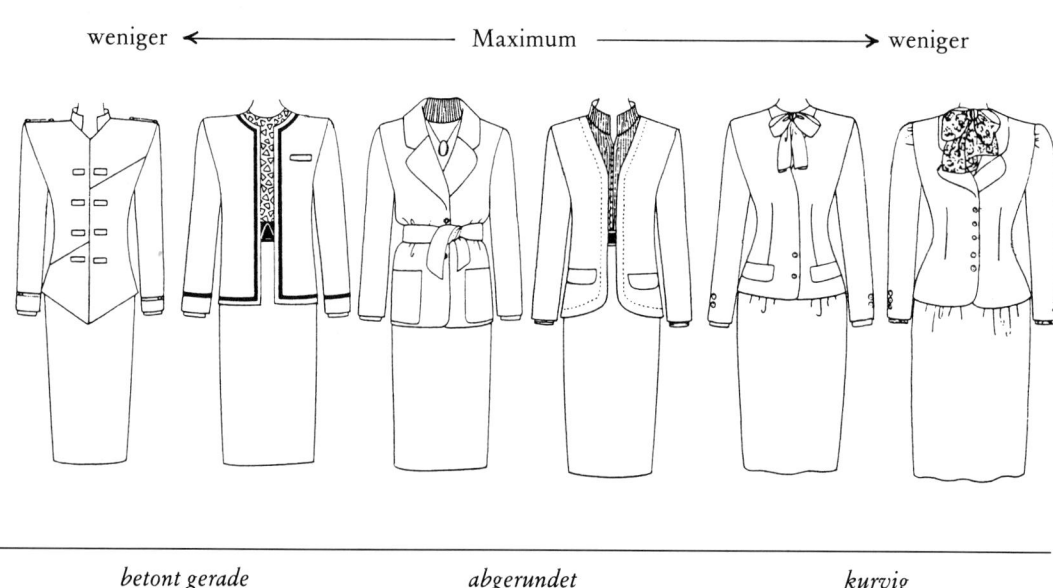

betont gerade — abgerundet — kurvig

MUSTER

Das letzte Verhältnis zur Linie – die vierte «Dimension» – ist das Muster eines Stoffes. Muster wirken genau wie die Struktur eines Stoffes am besten, wenn sie *mit* der Linie der Kleidung verlaufen, nicht *gegen sie*. Von Zeit zu Zeit beleidigen Modeschöpfer unseren Sinn für Ästhetik mit Mustern, die man bestenfalls als Ausdruck lebhafter Phantasievorstellungen bezeichnen kann. Riesige Rosenmuster und wilde Hawaii-Drucke scheinen erfolgreich alle vier bis fünf Jahre wieder auf den Markt zu kommen.

Sie gehen weg wie warme Semmeln, aber nur für eine Saison –
solange der Spaß eben dauert. Im Gegensatz dazu gebietet der
gute Stil, daß die Linie des Musters mit der Linienführung der
Kleidung übereinstimmt und so ein elegantes und harmonisches
Zusammenspiel entsteht.

Je kantiger und gerader Ihre Figur ist, desto geometrischer
oder «kantiger» sollte das Muster sein, das Sie tragen. Weiche
Blumendrucke auf einem Kostüm, das betont gerade geschnitten
ist, erzeugen kein ausgewogenes Erscheinungsbild. Diejenigen,
die leicht kurvige Linien brauchen, sehen in weichen, abgerundeten und verschwommenen Mustern besser aus. Ein Muster,
das einen weichen und runden Eindruck ergibt, ist von wesentlicher Bedeutung für ein ausgewogenes Gleichgewicht. Diejenigen, die abgerundete Linien tragen können, brauchen Muster,
die weder zu gerade noch zu kurvig sind und genug Raum für
die Bewegung und die Flexibilität der Linie lassen. Auch hier sind
Sie bei der Wahl der Muster flexibel, da ein geometrisches Muster durch einen abgerundeten Entwurf oft weich genug wirkt.

AUSNAHMEN

Es gibt einige Ausnahmen bei der Beziehung zwischen Mustern
und Linienführung der Kleidung. Wenn zum Beispiel die Linie
stark und klar definiert ist, kann das Muster etwas von der Linie
abweichen. Ein kleines geometrisches Muster kann oft in eine
weiche, kurvige Linie eingearbeitet werden. Ein Streifenstoff
oder ein Überkaro, diagonal geschnitten, wirkt weicher und
paßt oft zur abgerundeten Linie. Diese Kombination ist vielleicht
nicht ganz perfekt, aber man kann sie eher akzeptieren als das
Gegenteil – einen Blumendruck bei einem auf Figur geschnittenen Kostüm. Bei der abgerundeten Linie kann man zum Beispiel
einen geblümten Rock mit einer gerade geschnittenen Jacke
kombinieren, was den Gesamteindruck einer abgerundeten Linienführung gibt.

Als allgemeine Regel gilt: Gerade Drucke können bei einem
abgerundeten oder kurvigen Entwurf verwendet werden, wenn
der Entwurf klar definiert ist. Linie und Struktur sollten zuerst in
Betracht gezogen werden, erst dann das Muster.

Streifen

Twillstreifen

Foulard

Bouclé

Tweed

Paisley

Blumenmuster

Hier die Musterkategorien in ihrer Beziehung
zur Linienführung:

- **Gerade**

  Geometrisch   Karos
  Streifen   Pepita
  Abstrakt   Südamerikanische Muster
  Modern
  Deutliches Überkaro

- **Abgerundet**

  Paisley   Realistisch
  Streifen   Dschungel
  Überkaro   Karo
  Tiermotive   Tweed

- **Kurvig**

  Blumenmuster   Paisley
  Verschwommen   Wirbelmuster
  Realistisch   Schnörkel
  Rundlich

Schottenkaro

Leinen

Glencheck

Pepita

Die Linien
der Modeschöpfer

Bei der folgenden Beschreibung von Kleidung und «Linie», von Details, Entwürfen, Herstellung und Qualität, werde ich auf die Arbeiten einiger führender internationaler Modeschöpfer zurückgreifen und sie als Beispiele anführen. Diese Designer setzen in jeder Saison Trends und geben uns eine Richtschnur. Die meisten verwenden eine bestimmte Linienführung, wenn sie ihre Kollektionen entwerfen. Sie ermöglicht es, diese Linien zu unserer Körperlinie in Beziehung zu setzen. Nur wenige von uns können es sich leisten, diese Kreationen zu kaufen, aber auch nur wenige Menschen können sich ein Bild von Picasso oder Monet leisten. Wir können jedoch viel von ihnen lernen, wenn wir erkennen, wonach wir in bezug auf Linie, Qualität, Design und Maßstab suchen müssen. Auch wenn diese Modeschöpfungen für Sie von Ihren finanziellen Mitteln her unerreichbar sind, sollten Sie sich nie die Gelegenheit entgehen lassen, diese Kreationen im Geschäft anzuprobieren – damit Sie sich an die Paßform und das Gefühl von Perfektion gewöhnen können. Sehen Sie sich die Designerkollektionen in Modemagazinen, in Boutiquen und in den Schaufenstern der Modegeschäfte an. So erhalten Sie eine Richtlinie, mit der Sie die Linienführung bei preiswerterer Kleidung erkennen können.

Die Modeschöpfer und die Hersteller in mittleren Preislagen haben oft eine Lieblingslinie, werden aber wahrscheinlich verschiedene Linien in ihre Kollektionen aufnehmen. Sie tun dies, weil sie sich für ihre Ideen und Trends an vielen großen internationalen Modeschöpfern orientieren. Und was noch wichtiger ist: sie wenden sich an einen größeren Markt mit den unterschiedlichsten Kundinnen.

Unten finden Sie eine Liste der wichtigsten internationalen Modeschöpfer mit den Kleidungslinien, die sie am häufigsten verwenden. Ich habe auch einige Modeschöpfer und Hersteller in mittlerer Preislage aufgenommen mit den Linien, die man häufig in ihren Kollektionen sieht. Denken Sie daran, daß Sie mehrere Linien in ihren Kollektionen finden. Deshalb ist es besonders wichtig, daß Sie erkennen können, welcher Entwurf zu welcher Körperlinie paßt.

INTERNATIONALE MODESCHÖPFER

● **Gerade Linien**

Adolfo	Louis Feraud
Chanel	Castleberry
St. John	Mary McFadden
Andre Laug	Gucci
Yves St-Laurent*	
Carolina Herrera	

● **Abgerundet**

Perry Ellis	Issey Miyake
Calvin Klein	Yohji Yamamoto
Bill Blass	Escada
Giorgio Armani	Gianni Versace
Donna Karan	

● **Kurvig**

Halston	Oscar de la Renta*
Zandra Rhodes	Betty Hansen
Valentino*	Hanae Mori
Emanuel Ungaro	

* Benutzen oft extrem gerade oder extrem kurvige Linien

MODESCHÖPFER UND HERSTELLER
MITTLERE PREISLAGE

● **Gerade**

Geiger	J. G. Hook
Pendleton	Evan Picone
Albert Nipon Sport	Stanley Blacker
Jones of New York	Schrader Sport
	Kasper for J. L. Sport

● **Abgerundet**

Carol Little	Liz Clairborne
Anne Klein II	Calvin Klein Classifications
Perry Ellis Portfolio	Willie Wear
Geoffrey Beene Sport	St-Tropez
Adrienne Vittadini	Blassport
	Anne Pinkerton

● **Kurvig**

Tahari	Prophecy
Norma Kamali	Flora Kung
Christian Dior	Ralph Lauren
Ellen Tracy	Cloak of Many Colours
	Marc d'Alcy

NANCY, JANE UND LIZ KENNEN
IHRE LINIE
KENNEN SIE JETZT IHRE?

Nancy Reagan hat gerade Körper- und Gesichtsformen. In ihrer Kleidung braucht sie gerade, flotte Linien und kann geradlinige Designermode gut tragen. Jane Fonda braucht eine abgerundete Linie, um Ausgewogenheit und Harmonie zu erreichen. Sie sieht am besten mit der abgerundeten Linienführung der entsprechenden Designer in unserer Liste aus. Elizabeth Taylor sieht am hinreißendsten in den Entwürfen von Modeschöpfern aus, die die kurvige Linie in ihren Kollektionen bevorzugen.

Nancy Reagans Garderobe stand immer wieder im Mittelpunkt des Interesses. Jeder, der sich in der Modewelt auskennt, weiß jetzt, daß Adolfo einer ihrer bevorzugten Modeschöpfer ist. Es ist interessant festzustellen, daß sie ihre Körperlinie sehr gut versteht, ob sie sich dessen bewußt ist oder nicht. Die Entwürfe von Adolfo haben gerade Linien und Details, die Stoffe sind wenig strukturiert.

Im Januar 1985 erschien Mrs. Reagan in einem roten Kleid, dessen Linien abgerundet waren, auf dem Titelblatt des «Time»-Magazins. Zwei Wochen später wurde sie wieder in einem roten Kleid fotografiert, dieses Mal in einem geradlinigen Kleid mit einem Stehkragen, das sie zur Amtseinführung ihres Mannes trug. Der Unterschied in ihrem Erscheinungsbild war beeindruckend. Wie ein Beobachter später in einem Leserbrief bemerkte, sah das erste Kleid aus, «als ob es vom K-Markt kam». Möglicherweise hatte sie das Kleid gewählt, um volkstümlicher zu wirken – mehr wie die «Durchschnittsamerikanerin», aber mit welch traurigem Ergebnis! Denken Sie immer daran: Wenn Sie Ihre richtige Linie finden, sind Sie auf dem besten Weg, erfolgreich, glaubwürdig und bezaubernd zu wirken. Dabei spielt es keine Rolle, wieviel Geld Sie für Ihre Kleidung ausgeben, sondern wieviel Kenntnis Sie bei der Wahl der für Sie richtigen Mode haben.

Nachdem ich mich ausführlich mit der Linienführung meines Körpers und meiner Kleidung befaßt hatte, konnte ich schließlich verstehen, warum die Chanel-Jacke, der Nadelstreifenanzug und das Kleid mit angeschnittener Taille an mir unvorteilhaft wirkten. All diese Kleidungsstücke haben eine sehr gerade Linie. Aber um meine Körperlinie und meine Gesichtszüge zu ergänzen, brauche ich bei meiner Kleidung eine abgerundete Linie. Die geradlinige Kleidung sieht steif und starr aus und nicht wie eine natürliche Ergänzung meiner Figur. Aber – und dieses «aber» ist sehr wichtig – ich muß nicht auf mein Kostüm, meine gutsitzende Jacke oder mein klassisches Hemdblusenkleid verzichten. Wenn ich jetzt eine Jacke kaufe, wähle ich ein Modell mit leicht kurvigem Umriß, ein Hemdblusenkleid mit einem Schalenkragen und ein Kostüm aus weichem Tweed statt mit Nadelstreifenmuster.

Jetzt, da Sie die Richtung Ihrer Linie kennen (gerade oder kurvig), die Sie bei der Wahl Ihrer Kleidung in Betracht ziehen müssen, die Stärke der Linie (fein bis breit), ihre Tiefe (die Stärke der Struktur) und das Muster, wollen wir uns die Tabelle der Kleidungslinien ansehen, die diese Informationen zusammenfaßt. Eine Tabelle der Stoffarten ist ebenfalls angefügt.

TABELLE DER STOFFARTEN

- **Bouclé** – ein leicht noppiger Strickstoff aus reiner Wolle oder aus einer Wollmischung. Die Oberfläche hat kleine Schlingen oder Locken.

- **Feiner Wollstoff** – ein festgewebter, leichter bis mittelschwerer Stoff, meistens aus Baumwolle oder Baumwollmischungen.

- **Chaly** – ein weicher, leichter bis mittelschwerer Stoff mit diagonaler, twillähnlicher Webart. Er wird aus Wolle, Baumwolle, Rayon oder einer Mischung aus diesen Stoffen hergestellt.

- **Chiffon** – ein hauchdünner, leichter, fließender Stoff, der schön fällt, meistens aus Seide oder aus einer Seidenmischung.

- **Crêpe** – ein leichter Stoff aus Seide, Wolle oder aus einer Stoffmischung mit leicht erhabener oder fein gekräuselter Oberfläche. Die Oberfläche wirkt matt.

- **Crêpe de Chine** – ein weicher, leichter Crêpe aus Seide oder einem Seidenmischgewebe mit leicht erhabener Oberfläche. Die Oberfläche wirkt matt.

- **Flanell** – ein Baumwoll- oder Wollstoff, der mittelschwer bis schwer ist und eine leicht faserige oder matte Oberfläche hat. Durch die faserige und flauschige Oberfläche ist der Stoff durchschnittlich weich.

- **Gabardine** – ein festgewebter Stoff in diagonaler Twillwebart, den es in allen Stoffgewichten gibt. Im allgemeinen besteht er aus einem Woll- oder Wollmischgewebe, wird aber auch aus Baumwolle hergestellt. Aufgrund der festen Webart ist der Stoff steifer als Flanell.

- **Jersey** – ein weicher, feingewirkter Stoff aus Baumwolle, Wolle oder einer Mischung, der eine matte Oberfläche hat und weich fällt.

- **Leinen** – ein Stoff, dessen Webart aufgrund der kräftigen Gewebefäden hervortritt. Er wird in allen Stoffgewichten hergestellt und ist oft steif, wenn er nicht diagonal zugeschnitten oder bei ausgestellten Modellen verwendet wird. Das Material mit dem leichtesten Stoffgewicht heißt Batist.

TABELLE DER KLEIDUNGSLINIEN

	Gerade	*Abgerundet*	*Kurvig*
Fein Linie	Leichte, steife Stoffe Knappkantiger Steppstich Festgewebter Stoff Kleine Knöpfe, Details und Besatz	Leichte Stoffe, die weich fallen Lockergewebt Kleine Knöpfe, Details und Besatz Knappkantiger Steppstich	Leichte, glatte, feine Stoffe Zierliche, kleine Knöpfe und Details Schön fallende Stoffe
Durchschnitt-liche Linie	Mittelschwere Stoffe, starr, steif und enggewebt Details und Besatz von mittlerer Größe Klar definierter Steppstich	Mittelschwerer Stoff, der durch seine Webart in weichen, geraden Linien fällt Knöpfe und Besatz von mittlerer Größe Steppstich; nicht knappkantig, nicht zu klar hervortretend	Mittelschwere, leicht fallende Stoffe Knöpfe und Besatz von mittlerer Größe Kein Steppstich Knappkantiger Steppstich
Breite Linie	Mittelschwere bis schwere Stoffe, steif und enggewebt Große Knöpfe, Besatz und Details Doppelter oder breiter Steppstich	Schwerer, lockergewebter Stoff Große Knöpfe, Besatz und Details Doppelter Steppstich	Mittelschwerer Stoff Große Details und Besatz Kein Steppstich
Struktur	Wenig oder keine	Maximum an Struktur	Wenig oder keine
Stoffart	Gabardine Leinen Twill Seide Thaiseide Taft Satin Moiré Glänzende Baumwolle Piqué	Leinen Thaiseide Chaly Tweed Satin Jersey Wollflanell Rohseide	Crêpe Chaly Rohseide Jersey Chiffon Satin
Muster	Geometrisch Abstrakt Modern Deutliches Überkaro Karo Pepita Fischgrät	Paisley Überkaro Tiermotive Realistisch Naturszenen Karo Tweed	Geblümt Verschwommene Muster Realistisch Abgerundet Wirbelmuster Schnörkel

Teil IV
MASSSTAB

Einige Anmerkungen zu Maßstab und Paßform

Jetzt, da Sie die beste Linienführung für Ihre Kleidung, die richtigen Muster und die passende Struktur ausgewählt haben, ist es an der Zeit, ein weiteres Stilmerkmal kennenzulernen: den Maßstab. Der Maßstab ist von großer Bedeutung dafür, ob man elegant, ausgefallen und modisch aussieht oder nur alltäglich. Auch wenn Sie vielleicht noch nicht bereit sind, hochmodische Kleidung zu tragen, sollten Sie einen modernen und aktuellen Look anstreben.

Auf meinen Reisen in andere Länder fällt mir immer wieder auf, daß europäische Frauen gutgekleidet und elegant wirken. Ihre Kleidung sieht immer wunderbar aus – hervorragend geschnitten und ausgewogen. Diese Frauen scheinen ihre Proportionen zu verstehen und haben schon immer Qualität für wichtiger als Quantität gehalten. Sie achten bei Stoff, Gestaltung, Entwurf und Paßform auf hervorragende Verarbeitung. Eine Seidenbluse von hoher Qualität bedeutet ihnen mehr als fünf preiswerte Imitationen. Diese Frauen wissen, daß Kleidung auf teure oder elegante Art «locker» sitzen muß, wie ich es umschreibe.

Amerikanische Frauen sind die größten Übeltäterinnen, wenn es darum geht, die Quantität der guten Verarbeitung vorzuziehen. Aus irgendeinem Grund glauben wir fälschlicherweise, daß wir eine riesige Garderobe brauchen, um uns gut kleiden zu können. Wie kann man nur dieselbe Bluse zweimal in der Woche ins Büro anziehen? So über Mode zu denken ist Unsinn! Es ist viel besser, jeden zweiten Tag dieselbe schöne Bluse zu tragen, solange Sie gut darin aussehen und sich wohl fühlen, statt jeden Tag der Woche eine andere Bluse zu tragen, in der Sie alltäglich aussehen und sich entsprechend fühlen.

Der Maßstab ist nicht etwas, dessen wir uns bewußt sind. Sie haben sicherlich schon einmal jemanden sagen hören: «Ich kann ruhig eine kleinere Größe tragen, wenn das Kleidungsstück teuer ist», oder: «Bei Stücken von Modeschöpfern kann ich eine kleinere Größe kaufen.» Der Unterschied dabei liegt jedoch weniger in der Größe als im Maßstab. Sehen wir uns also an, was ich unter Maßstab, übergroßem Maßstab und richtiger Paßform verstehe.

Webster definiert den Maßstab als «eine bestimmte relative oder proportionale Größe», als «die Proportion, die die Darstellung eines Objektes in bezug auf ein anderes hat». Wenn ich von

Maßstab in bezug auf Stil spreche, meine ich damit die zweite Definition. Das erste Objekt sind Sie; das zweite ist Ihre Kleidung.

Welche Proportion ist die beste? Ich würde sagen: ein ausgewogenes Verhältnis – das heißt, die Kleidung paßt Ihnen nicht nur perfekt, sie sieht auch teuer und elegant aus. Dieses richtige Verhältnis kann Sie auch schlanker erscheinen lassen, wenn Sie etwas übergewichtig sind, oder läßt Sie etwas fülliger wirken, wenn Sie zu dünn sind.

Bei einem gutgearbeiteten, qualitativ hochwertigen Kleidungsstück muß man auf Verschiedenes achten. Hier einige Punkte, die es bei der Kleiderwahl zu überprüfen gilt:

QUALITÄTSMERKMALE

● **Nähte**
Die Nahtzugaben der Innennähte sollten mindestens 1,5 cm betragen.
Nähte sollten mit Zickzackstichen oder geraden Nähten versäubert sein.
Die Naht sollte sich nicht verziehen oder Falten werfen, sonder «gerade hängen».
Es sollten keine Fäden herabhängen.
Die Außenstiche sollten gleichmäßig, gerade und nicht locker sein.

● **Einlagen und Futter**
Sollten keine Falten werfen, Zwischenräume haben oder sich ziehen.
Sollten eingenäht statt aufgebügelt sein.
Innenfutter sollte Steppnähte haben oder diagonal zur Stoffrichtung geschnitten sein.

● **Kleidersäume**
Müssen gleichmäßig sein und gerade hängen.
Müssen mit Nahtband versehen oder versäubert sein.
Die Stiche sollten locker sein und sich nicht ziehen.
Die Stiche sollten nicht sichtbar sein.

Fortsetzung auf der nächsten Seite

QUALITÄTSMERKMALE *(Fortsetzung)*

● Taschen

Müssen gerade sein.
Müssen versäubert sein.
Müssen flach anliegen.

● Knöpfe und Knopflöcher

Knöpfe sollten aus Horn oder Leder bestehen oder mit Stoff
versehen sein (Plastikknöpfe sollte man austauschen).
Knopflöcher sollten keine losen Fäden haben.
Die Knopflöcher müssen gerade und maßgerecht sein.

● Gürtel

Ersetzen Sie Gürtel aus Kleiderstoff durch Ledergürtel oder
gewebte Gürtel.
Tragen Sie keine Plastikgürtel; ein neutraler Gürtel aus Leder
wirkt besser als jeder Plastikgürtel.

● Garn

Die Farbe muß genau passen.
Es sollte kein durchsichtiges Kunststoffgarn verwendet wer-
den.
Das Garn sollte von der gleichen Art sein wie der Stoff.

● Jacken

Sollten ganz oder halb unterfüttert sein, wenn sie aus einem
Wollstoff bestehen.
Der untere Saum sollte gerade sein.
Der Kragen sollte flach anliegen.
Kragen und Reversecken sollten flach anliegen, sich nicht ver-
ziehen oder kräuseln.
Die Steppstiche müssen gleichmäßig sein.

● Stoffe

Muster und Karos müssen an allen Nähten passend aufeinan-
derstoßen.
Es sollten nur Naturstoffe oder Stoffmischungen verwendet
werden, die wie Naturstoffe aussehen.

KLEIN IST NICHT UNBEDINGT SCHÖN

Amerikanerinnen scheinen auch davon besessen zu sein, Kleider zu tragen, die nicht passen, und immer die kleinste Größe zu kaufen. Wenn wir uns in Größe 38 zwängen können statt in die übliche Größe 40, sind wir wohl kaum auf dem Weg, schlanker zu werden! Psychologisch gesehen fühlen wir uns gut – oder vielleicht doch nicht? Kleidung in kleinen Größen sieht billig und knapp aus, sie läßt uns schwerer erscheinen, weil alle Polster sichtbar werden. Oder wir sehen zu dünn aus, weil sich unsere Knochen abzeichnen.

Ich habe eine Freundin, die diese Haltung gegenüber kleinen Größen wunderbar verkörpert. Sie betrachtet jedes Kleidungsstück, das größer als Größe 40 ist, als völlig unakzeptabel. Wenn ich ein neues Kleid oder eine neue Jacke kaufe und meine Freude an dem neuen Stück mit ihr teilen möchte, sagt sie niemals: «Es steht dir fabelhaft» oder: «Die Farbe ist wunderschön», ja sie fragt nicht einmal nach dem Preis. Sie ist immer nur daran interessiert zu erfahren, welche Größe es hat. Sie sollten nie eine Frau beneiden, die Größe 34 trägt und sich damit brüstet; versuchen Sie statt dessen, die Frau nachzuahmen, die immer die richtige Größe für ihre Figur trägt, egal welche Kleidergröße es ist.

Lernen Sie, zwischen elegant und zu eng oder billig zu unterscheiden. Sie werden feststellen, daß die richtige Paßform weder zu weit noch zu eng ist. Es ist einfach die richtige Proportion. Statt sich Gedanken darüber zu machen, welche Größe Sie kaufen, sollten Sie sich auf die Paßform konzentrieren. Diese Tabelle kann Ihnen dabei helfen, Ihre richtige Paßform zu bestimmen:

RICHTIGE PASSFORM:
FÜR STANDARDKLEIDUNGSSTÜCKE

● **Bluse**

Eingesetzter Ärmel: Wenn Sie nach den Schulterknochen oder auf die Schulter fassen, sollte sich die Naht am oder etwas unterhalb des Schulterknochens befinden (nicht darüber), die Ärmel sollten am Handgelenk enden.

Ärmelbreite: Es sollten mindestens 3,5 cm doppelte Stofflage vorhanden sein, wenn sie nach oben fassen und den Ärmel vom Oberarm abhalten.

Knöpfe dürfen nicht aufspringen; es sollten sich mindestens 2,5 cm Stoff zu beiden Seiten der Büste befinden.

Am Mittelteil sollte mindestens 5 cm doppelte Stofflage vorhanden sein, wenn Sie sich strecken und den Stoff an beiden Seiten abhalten (dies sorgt für einen blusigen Fall).

Die Bluse sollte in der *Länge* mindestens bis zu den Hüftknochen reichen.

● **Rock**

Falten sollten nie aufspringen; am Beinansatz sollte der Rock nicht spannen oder Falten werfen.

Taschen müssen geschlossen bleiben und dürfen nicht aufspringen.

Gerade Röcke sollten vom Gesäßansatz aus gerade fallen. Rundungen sollten sich nicht abzeichnen.

Der Rock sollte beim Sitzen nicht heraufgezogen werden.

Hüfte: Es sollten mindestens noch 2,5 cm Stoff da sein, wenn man den Rock in Hüfthöhe vom Körper abhebt.

Das Taillenband sollte so locker sein, daß man noch zwei Finger hineinstecken kann.

Die Oberschenkel sollen sich nicht abzeichnen; der Rock sollte sich leicht um den Körper drehen lassen.

Schlüpfer sollten sich nicht abzeichnen.

● Jacke

Die Jacke sollte mindestens 2,5 cm breiter als die Schulter sein.

Der Kragen darf sich am Rücken nicht kräuseln.

Wenn die Jacke zugeknöpft ist, sollte darunter noch Platz für einen Pullover oder eine Bluse sein, sie sollte über dem Rükken oder über den Hüften nicht spannen. Am Mittelteil sollten noch 3,5 cm Stoff zusätzlich vorhanden sein.

Der Ärmel sollte so lang sein, daß noch 0,5 bis 1 cm des Blusenärmels sichtbar sind.

Der Ärmel sollte so weit sein, daß ein Pullover oder eine Bluse darunter getragen werden kann, und es sollte noch 1 cm Stoff zusätzlich vorhanden sein.

Die Jacke sollte über dem *Rücken* nicht spannen.

Taschen sollten nicht aufspringen; Falten oder Abnäher müssen flach anliegen.

● Hosen

Falten dürfen nicht aufspringen.

Reißverschlüsse und Verschlüsse müssen flach anliegen. Die Hosenbeine sollten von der Hüfte gerade fallen, unter dem Gesäß sollten sich keine Rundungen abzeichnen.

Taschen sollten nicht offenstehen oder aufspringen.

Hüfte: Es muß mindestens 2,5 bis 3,5 cm Stoff vorhanden sein, wenn Sie den Stoff von den Hüftknochen abhalten.

Die Taille sollte so weit sein, daß man leicht zwei Finger hineinstecken kann.

Schlüpfer sollten sich nicht abzeichnen.

HINWEIS: Die Länge von Jacken, Röcken und Hosen wird später behandelt.

Was bedeutet «Überweite»?

Wir haben den Maßstab mit der Paßform erklärt, jetzt wollen wir uns dem Begriff «Überweite» zuwenden. Einige der bekanntesten Modeschöpfer entwerfen Kleidungsstücke, die groß, locker und weit sind. So definiere ich den Begriff Überweite, den man für Ausgewogenheit und Proportion und auch für ein bestimmtes modisches Aussehen beachten muß. Wer kann überweite Kleidung tragen?

Zuerst wollen wir uns einmal mit dem überweiten Look selbst beschäftigen, unabhängig davon, daß es sich dabei um einen Modetrend handelt. Die meisten Modeschöpfer, die überweite Kleider entwerfen, machen Entwürfe für Frauen, die groß und schlank sind. Da wir auf der Suche nach einer ausgewogenen Figur sind, denken wir dabei an Frauen, die 1,70 m und größer und sehr schlank sind.

Dieser Frauentyp hat wahrscheinlich sehr lange Arme und Beine und ist gertenschlank – bisweilen wirkt er sogar schlaksig. Wenn Sie eine Frau mit dieser Figur im Bikini betrachten, scheint sie nur aus Armen und Beinen zu bestehen und wirkt etwas unproportioniert. Wenn Sie also klein oder durchschnittlich groß sind, werden Sie feststellen, daß das große, schlanke Fotomodell doch nicht so perfekt ist. Damit der Körper besser proportioniert erscheint, braucht er Kleidungsstücke, die ein anderes Verhältnis haben – die überweit sind –, wenn man nach dem normalen Maßstab urteilt. Das Bild, das so entsteht, ist ausgewogen und harmonisch. (Wenn diese Frau einen normalen Hosenanzug trägt, eine Chaneljacke oder eine normale, wirkt die Kleidung knapp und die Trägerin zu mächtig für ihre Kleidung.) Große Frauen wie Jane Fonda, Prinzessin Diana oder Nancy Kissinger brauchen den eleganten, lockeren, überweiten Look. Sie brauchen einen volleren Zuschnitt, der ein Gegengewicht zu ihrem Körper, den langen Armen und Beinen bildet. Diese Übergröße muß im Körper- und Rumpfteil des Kleidungsstückes liegen, aber auch in der Länge der Ärmel, der Jacken, der Röcke und der Hosen.

Ich bin 1,70 m groß und bin gerade dabei, meinen besten Look zu finden. Ich weiß, daß ich in Kleidungsstücken, die nicht überweit sind, unbeholfen und unproportioniert aussehe und daß ich längere Jacken und Röcke brauche, vollere Blusen und breitere Schultern, die ein Gegengewicht zu meinen langen Armen und Beinen bilden.

Es ist für Frauen, die kleiner als 1,65 m sind, sehr schwer, Entwürfe von Modeschöpfern zu tragen, die für große Modelle entworfen sind. Sie sehen besser aus in Kleidungsstücken, die im richtigen Verhältnis zu ihrem Maßstab stehen – mit der Rocklänge, der Ärmellänge und den Proportionen, die für ihre Körpergröße gemacht wurden. Selbst wenn diese Frau in einem übergroßen Stück verloren aussieht, kann sie sich dennoch glücklich schätzen. Fast alle Modeschöpfer und Hersteller in der mittleren Preislage entwerfen Kleidung für den durchschnittlichen Maßstab, und sogar einige der internationalen Modeschöpfer tun dies. Eine Frau von durchschnittlicher Größe hat also eine viel größere Auswahl. Sie kann sich einen teuren Designer-Look schaffen, ohne enorme Summen dafür ausgeben zu müssen. Jane Pauley, Pat Nixon und Ali MacGraw sind Frauen, die Kleidung von durchschnittlichem Maßstab tragen.

Eine kleine Frau hat wahrscheinlich mehr Schwierigkeiten, Kleidung im richtigen Maßstab zu finden, als eine größere. Manchmal stellen jedoch Modeschöpfer und Kleiderfabrikanten auch Kleider in Größe 34 her, die den übergroßen Stücken in einem kleineren Maßstab nachempfunden sind. Viele entwerfen jetzt eine spezielle Kollektion mit kürzeren Ärmeln, Röcken, schmaleren Schultern und kürzerem Mittelteil. Das ganze Kleidungsstück wird in einem kleineren Maßstab gearbeitet, was für ein ausgewogenes Aussehen sehr wichtig ist.

MODESTILE, DIE SICH AM ORIENT AUSRICHTEN

In Japan, wo 95 Prozent der Bevölkerung nach amerikanischem und europäischem Maßstab klein sind, tragen viele Frauen Kleidungsstücke von Modeschöpfern, die übergroße Kleidung entwerfen. Die meisten von ihnen sehen wunderbar darin aus, und das hat seinen Grund. Designer exportieren fast nie direkt nach Japan. Sie vergeben Lizenzen ihrer Entwürfe an japanische Hersteller, die die Kleidung dann in japanischem Maßstab produzieren. Als ich das erste Mal versuchte, mir in Japan etwas zum Anziehen zu kaufen, waren selbst Kleidungsstücke von amerikanischen Designern wie Calvin Klein, Geoffrey Been und Liz Clairborne zu klein für mich. Sie waren nach dem Maßstab einer kleineren, zierlicheren Trägerin gearbeitet. Vielleicht werden Modeschopfer in der Zukunft unterschiedliche Maßstäbe verwenden, so daß wir alle eine größere Auswahl und mehr Möglichkeiten vorfinden.

Genau wie Designer eine bestimmte Linienführung vorziehen, bevorzugen sie auch einen bestimmten Maßstab. Ihre Körpergröße ist der entscheidende Faktor, wenn Sie den Maßstab Ihrer Kleidung bestimmen. Wenn Sie 1,55 m und kleiner sind, müssen Sie nach einem kleinen oder zierlichen Maßstab Ausschau halten. Wenn Sie zwischen 1,55 m und 1,65 m groß sind, brauchen Sie einen durchschnittlichen Maßstab, und wenn Sie größer als 1,67 m sind, passen übergroße Entwürfe zu Ihnen. Wenn man im Vergleich zur Körperhöhe besonders lange Arme und Beine hat, kann man es auch einmal mit einem größeren Maßstab versuchen als mit jenem, der eigentlich der Körpergröße entspricht.

Die nachfolgende Liste führt Modeschöpfer und Hersteller mit verschiedenen Preisstufen auf, eingeteilt nach dem Maßstab, den sie verwenden.

● **Übergröße**

Giorgio Armani	Gianni Versace
Perry Ellis	Perry Ellis Portfolio
Calvin Klein	Calvin Klein Classifications
Anne Klein II	Norma Kamali
Tahari	Willi Wear
Alexander Julian	Pierre Cardin
Donna Karan	Complice
	Claude Montana
	Carol Horn

- **Durchschnittlicher Maßstab**

Chanel	Adolfo
St. John	Jaeger
Castleberry	Jones of New York
Christian Dior	Pendleton
Liz Claiborne	Prophecy
Yves St-Laurent	Mary McFadden
Albert Nipon	Ellen Tracy
	Carol Little

- **Zierlich**

Evan Picone	Albert Nipon
Liz Claiborne	Flora Kung
Joannie Char	Maggie London
Country Sophisticates	
(Pendleton)	

DAS GLEICHE KLEIDUNGSSTÜCK IN DREI VERSCHIEDENEN MASSSTÄBEN

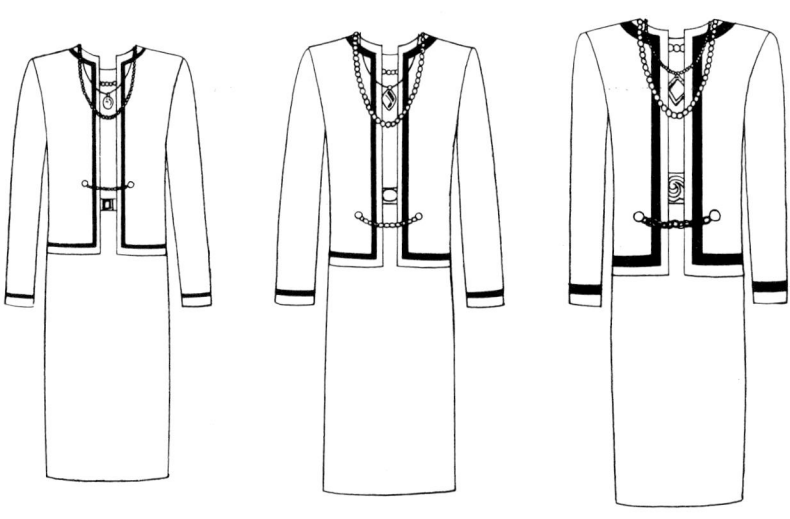

zierlich	durchschnittlich	übergroß

DIE AUSGEWOGENHEIT
DES MASSSTABS

Es ist wichtig, daran zu denken, daß der Maßstab auch beim Muster oder Entwurf eines Stoffes eine Rolle spielt. Diejenigen, die ein übergroßes Kleidungsstück brauchen, sehen besser in Mustern aus, die mittelgroß bis groß sind. Ein kleiner Laura-Ashley-Druck auf einer großen, überweiten Bluse wirkt nicht harmonisch. Bei einem durchschnittlich großen Kleidungsstück sieht ein kleines bis mittelgroßes Muster am besten aus. Beim kleinen Maßstab in einer zierlichen Größe sind kleine Muster am besten geeignet.

Vielleicht gibt es auch in Ihrem Bekanntenkreis eine zierliche, lebhafte Dame, die besonders gerne Kleider mit Blumenmustern trägt, die so groß sind, daß ein einzelnes Staubgefäß oder Blütenblatt auf dem Rücken fortgesetzt werden muß. Obwohl sie ihre großen schwungvollen Muster liebt, würde sie in einem kleineren, ausgewogeneren Druck viel proportionierter und eleganter aussehen, besonders wenn er auch noch ihr Körperlinie ergänzt. Sie würde diesen oft kostspieligen Fehler nicht machen, wenn sie die korrekte Linie und ihren Maßstab bei ihren Mustern und auch bei der Gestaltung ihrer Kleidung wählte.

Die Bedeutung
der richtigen
Accessoires

Eine meiner Freundinnen, die Inhaberin und Leiterin mehrerer Läden war, sagte mir einmal, daß die ersten Dinge, die ihr an einer Kundin auffallen, deren Handtasche und Schuhe sind. Sie gibt zu, daß die Verkaufstechnik, die sie bei einer Kundin anwendet, nicht nur von der Qualität ihrer Accessoires beeinflußt wird, sondern auch davon, wie sie zu ihr passen. Ich bin mir sicher, daß sie intuitiv die Regeln dessen, was ich als kontinuierliche Linie und maßstabgerechte Proportion bezeichne, versteht. Nancy Kissinger würde mit einer kleinen runden Handtasche völlig unausgeglichen wirken. Anderseits würde Liz Taylor mit einer riesigen, quadratischen Umhängetasche erdrückt wirken.

Mit Accessoires hat man die einmalige Gelegenheit, seine Kleidung völlig persönlich und individuell zu gestalten. Haben Sie schon einmal erlebt, daß jemand bei einem Ereignis das gleiche Kleid oder Kostüm wie Sie trug? Möglicherweise sah es an der anderen Trägerin ganz anders oder sogar besser aus. (Einige Frauen haben wirklich den Dreh heraus, ihrer Kleidung ein schönes oder unerwartetes Accessoire hinzuzufügen, was sie aus der Menge abhebt.) Ihr Geheimnis ist natürlich, daß sie bei den Accessoires die gleiche Linienführung und denselben Maßstab beibehält wie bei der Kleidung. Sie betont eckige Gesichtszüge oder ergänzt ihre Kurven. Eine einzige schöne Gürtelschnalle, ein Ohrring oder eine Kette machen oft den Unterschied zwischen einem gewöhnlichen und einem auffällig schönen Erscheinungsbild aus.

Wer bei der Kleidung gerade oder sehr gerade Linien braucht, sollte auch bei allen Accessoires auf gerade Linien achten. Die Handtaschen sollten von der Form her quadratisch oder rechtekkig und vom Material her steif sein. Eine Umschlagtasche oder eine Aktentasche sieht bei geraden Linien phantastisch aus. Eine weiche, rundliche Beuteltasche würde mit geraden Linien an der Kleidung nicht übereinstimmen und daher von der Wirkung einer ansonsten eindrucksvollen Aufmachung ablenken. Bei abgerundeten Körperlinien kreiert ein nicht ausgearbeiteter, weicher Beutel oder eine Umschlagtasche aus weichem Leder einen ausgewogenen Look. Die kurvige Linie braucht eine weiche Lederhandtasche, die leicht gekräuselt ist, oder eine Tasche mit rundem Boden oder runden Ecken, Seiten oder Details.

Unterschätzen Sie nicht die Wirkung von Details, die scheinbar unbedeutend sind, wie zum Beispiel eine Gürtelschnalle. Quadratische, rechteckige und geometrisch geformte Gürtelschnallen passen am besten zu geraden Linien. Eine weiche Kurve, ein Oval oder eine Muschelform ergänzen die abgerundete Linie. Kreise, Blumen und Wirbellinien betonen kurvige Formen.

Da große Ohrringe jetzt auch von Frauen in der Geschäftswelt getragen werden und in der Mode als schick gelten, ist es von wesentlicher Bedeutung, daß sie mit der Linie des Gesichts im Einklang sind. Quadrate, Rechtecke und Dreiecke passen wunderbar zu Gesichtern mit geraden Linien, während runde oder kurvig geschwungene Ohrringe am besten bei Gesichtern mit rundlichen Formen aussehen.*

Beachten Sie die Beispiele für Accessoires bei verschiedenen Gesichtslinien.

---

* Wie ich bereits erwähnt habe, ist es nie ratsam, Extreme zu wählen. Klar umrissene Formen sind für ovale, runde, herzförmige und birnenförmige Gesichter geeignet. Es ist oft ratsam, für das runde Gesicht eine längliche Form anstelle einer runden zu wählen. Auf ähnliche Weise schafft eine runde Form einen Ausgleich für jemanden, der ein längliches Gesicht hat. Gerade geometrische oder abstrakte Formen eignen sich gut für Frauen mit eckigem Gesicht. Zum viereckigen Gesicht passen am besten rechteckige und rautenförmige Formen, während man ein Viereck nur wohlüberlegt einsetzen sollte. Das Ziel ist, Ihre Gesichts- und Körperlinie zu ergänzen und so Ihre Züge vorteilhaft zur Geltung zu bringen. Indem Sie Formen wählen, die mit Ihrer Gesichtsform verwandt, aber nicht unbedingt identisch sind, gelingt Ihnen dies, ohne zu übertreiben. Es sollen ja Gleichgewicht und Harmonie erzeugt werden.

Gerade Linien

Abgerundete Linien

Kurvige Linien

VARIATIONEN DES KLASSISCHEN LOOKS

Jede Frau kann klassische Schmuckstücke wie Perlen und Ketten tragen. Jene, die sehr gerade Linien benötigen, werden vielleicht feststellen, daß unregelmäßig geformte Perlen besser zu ihnen passen als runde oder daß ein Verschluß in geometrischer Form ihre Gesichtszüge besser ergänzt. Echte Perlen, die mit Kettengliedern oder anderen Perlen kombiniert sind, sehen ebenfalls weniger rund aus. Oft erreicht man mit einem Perlenohrring in einer geometrischen Fassung aus Gold oder Silber das richtige Gleichgewicht von Größe und Linienführung. Es gibt viele verschiedene Arten von Ketten: Manche haben geometrische Glieder, andere sind feiner und ihre Glieder stärker gekrümmt. Es ist immer möglich, verschiedene Schmuckstücke miteinander zu kombinieren, um den richtigen Gesamteindruck zu erreichen.

Sie haben jetzt gesehen, wie Sie *mit* Ihrer Körpergröße und Figur arbeiten können statt gegen sie, und Sie werden feststellen, wie aufregend es ist, Ihre Individualität auszudrücken – zu genießen, Sie selbst zu sein, und dabei attraktiv auszusehen. Damit Sie Ihren stark verbesserten Look vervollständigen können, möchte ich dieses Kapitel über Linienführung und Maßstab mit einigen Hinweisen abschließen, die Ihnen zeigen, wie Sie mit kleineren Fehlern fertigwerden können. In diesen Tabellen finden Sie Vorschläge und Hinweise, die zeigen, wie Sie ihre Individualität betonen können.

	Gerade Linien	Abgerundete Linien	Kurvige Linien
Breite Schultern (Anmerkung: Die Schultern sollten 3,5 bis 5 cm breiter als die Hüften sein, damit die Kleidung schön fällt)	Vorteilhaft, betont kantige Formen	Vorteilhaft; man kann sie mit einem V-Ausschnitt, Raglan- oder capeartigen Ärmeln weicher erscheinen lassen. Ein abgerundetes Schulterpolster läßt vorhandene Kanten weicher erscheinen	Wenn die Schultern eckig sind, kann man sie mit Raglan- oder capeartigen Ärmeln weicher erscheinen lassen Wählen Sie nach Möglichkeit einen weiten, runden Halsausschnitt
Schmale Schultern	Wenn Ihre Gesichtszüge sehr kantig sind und Ihr Körper sehr schlank ist, können Sie Ihre Schultern mit großen Schulterpolstern, Puffärmeln oder Epauletten breiter wirken lassen	Benutzen Sie Schulterpolster, Bateau-Ausschnitte, waagrechte Details an den Schultern	Tragen Sie eingekräuselte Ärmel Schulterpolster, die leicht abgerundet sind In leichten Falten fallende Bateau-Ausschnitte
Breite Hüften	Gerade Kleider ohne Gürtel; blusiges Kasackoberteil mit geradem Saum Lockerer Rock, der jedoch unten gerade fällt, um die gerade Linie zu erhalten Locker auf den Hüften sitzender Gürtel oder tiefeingesetzte Taille Eingenähte Falten Gerade Bundfaltenröcke und -hosen, die von der Hüfte weg gerade fallen Verwenden Sie enggewebte Stoffe, um die gerade Linie zu erhalten Mittelnaht oder Kellerfalte	Lockerer und bequemer, gekräuselter oder keilförmiger Rock Lockere Kasackbluse Kleider, die leicht von Schulterhöhe ab fallen	Lockerer Rock Ausgestellter Rock, weiche Falten und Kräuselung Locker fließendes Oberteil, leicht tailliert
Großer Busen	V-Ausschnitte Offener Kragen – gerades Revers Lange Ärmel (Ärmel sollten nicht in Brusthöhe enden) Keine Brusttaschen oder Details in Brusthöhe Senkrechte Streifen	V-Ausschnitte Weiter, runder Halsausschnitt Offener Kragen; gerades oder rundes Revers Keine Brusttaschen oder senkrechte Details Ärmel sollten nicht in Brusthöhe enden	Weiter, runder Halsausschnitt Offener Halsausschnitt mit Schalkragen oder rundem Revers Ein vollerer Busen paßt zu dieser Linie – freuen Sie sich darüber

	Gerade Linien	Abgerundete Linien	Kurvige Linien
Kleiner Busen	Trägt zur Wirkung der geraden Linie bei	Paßt gut zu dieser Linie	Schleifen, lockere Falten, Kapuzenkragen und Kräuselung geben kurvige Fülle
	Querstreifen können hinzugefügt werden	Struktur, Tweed und Schichtenlook geben Volumen	Stickerei und weiche Details in Brusthöhe
	Taschen und Details in Brusthöhe	Lockere, nicht ausgearbeitete Oberteile, die so gut für diese Linie geeignet sind, passen perfekt	Sättel sind besonders gut für diese Linie geeignet
	Senkrechte Details in Brusthöhe	Taschen und Details in Brusthöhe	
Langer Hals	Positiv für diesen Look	Rollkragen	Schals
	Man kann hohe Kragen oder Stehkragen verwenden	Hohe Kragen	Halsausschnitte mit Schleifen und Kräuselung, Rüschen
	Großformatiger Schmuck	Großformatiger Schmuck	Schmuck mit kurvig geschwungenen Linien
	Hohe Halsausschnitte		Weichgerollte, hohe Kragen
	Rollkragen		
Kurzer Hals	Offene Halsausschnitte	Offene Halsausschnitte	U-Ausschnitte
	Lange Ketten	Niedrig gebundene Schals	Offene Kragen mit niedrig gebundenen Schleifen
	V-Ausschnitte	V- oder U-Ausschnitte	

HINWEIS: *Versuchen Sie nie, Ihre Körperlinie zu ändern; betonen Sie sie!*

HILFREICHE TIPS FÜR IHRE GESICHTSZÜGE UND IHRE FRISUR

● **Rautenförmiges Gesicht**
Schöne Wangenknochen, die mit eckigen Frisuren betont werden sollten.
Man kann die Stirn durch Haarfülle oder eine Ponyfrisur breiter erscheinen lassen.

● **Quadratisches Gesicht**
Betonen Sie die Kanten mit asymmetrischen Frisuren und geometrischen Haarschnitten.
Man kann das Gesicht länger erscheinen lassen, um Ausgewogenheit bei der Körpergröße zu erreichen, indem man das Haar oben füllig frisiert.

- **Rechteckiges Gesicht**
  Betonen Sie die Kanten – versuchen Sie es mit asymmetrischen Frisuren und geometrischen Schnitten.
  Man kann das Gesicht mit einem Pony optisch verkürzen oder mit Frisuren, die oben nicht füllig sind, um Körper- und Halslänge auszubalancieren – ein Seitenscheitel kann hilfreich sein.

- **Rundes Gesicht**
  Betonen Sie Rundungen mit einer weichen Frisur.
  Man kann das Gesicht länger erscheinen lassen, um ein Gegengewicht zu den Hals- und Körperproportionen zu bilden, indem man der Frisur oben Fülle gibt.

- **Längliches Gesicht**
  Betonen Sie die weichen, glatten, geraden Linien.
  Sie können einen Pony tragen und Frisuren, die oben nicht füllig sind, um die Gesamtwirkung etwas zu verkürzen – ein Seitenscheitel kann hier hilfreich sein.

- **Birnenförmiges Gesicht**
  Betonen Sie die Rundungen.
  Sie können über der Stirn mit weichen Locken Fülle vortäuschen, um einen Ausgleich zwischen schmaler Stirn und vollen Wangen zu schaffen.

- **Herzförmiges Gesicht**
  Betonen Sie die Rundungen.
  Mit einem Seitenscheitel können Sie die Stirn weicher erscheinen lassen und dem Kinn mehr Fülle geben.

- HINWEIS: *Versuchen Sie nicht, Ihre Gesichtszüge zu verändern; lernen Sie, sie hervorzuheben!*

Ihr individueller Stil hat jetzt eine Grundlage. Sie haben nun einige Richtlinien und Hilfen, mit denen Sie arbeiten und mit denen Sie ihre körperlichen Merkmale unterstreichen können. Wir wollen uns jetzt damit beschäftigen, wie Sie Ihre Persönlichkeit mit Ihrem individuellen Stil verbinden können.

Die
drei Gesichter
der Mode…
und Übergröße als
Modebegriff

Was bedeutet der Begriff «hochmodisch»? So schwer sich dies auch definieren läßt, scheint es heute weltweit doch drei bestimmte Moderichtungen zu geben: jene, die jedes Jahr in Paris, Mailand und New York von den führenden Modeschöpfern vorgestellt werden. Sie gelten als hochmodisch. Diese Designer arbeiten für jene glücklichen Frauen, die den Wunsch und das nötige Kleingeld haben, sich exquisite Bekleidung leisten zu können, um ihren Status zu unterstreichen. Die Farben, die Stoffe, die Muster und die Formen, die diese Modeschöpfer bevorzugen, werden sofort kopiert und für Millionen Frauen mit begrenzteren finanziellen Mitteln neu interpretiert, für all jene, die genauso daran interessiert sind, dem neuesten Modetrend zu folgen.

Die zweite Ebene der Mode ist mehr wirklichkeitsbezogen. Die Kleiderfabrikanten produzieren Kleidung für die Mehrheit der Frauen, die sich für die tägliche Arbeit und das Alltagsleben kleiden müssen. Diese Frauen wollen für ihren jeweiligen Beruf passend und praktisch gekleidet sein. Ihr Kleidungsstil tendiert wahrscheinlich in die klassische Richtung, aber sie wollen auch modisch wirken.

Es gibt noch eine weitere Gruppe von Frauen: die Neuererinnen. Für diese Frauen bedeutet Mode, mit neuen und oft ausgefallenen Angeboten zu experimentieren, die in der schnellebigen Modewelt in jeder Saison kurz aufleuchten. Diese Frauen haben die Persönlichkeit und den Schwung, den man braucht, um bei neuen und andersartigen Trends immer unter den ersten zu sein. Zu welchem Typ gehören Sie?

Ich bin der Auffassung, daß hochmodische Kleidung in Wirklichkeit nichts anderes ist als eine Übertreibung des Maßstabs, der Linienführung oder der Details. Der Trend hin zu übergroßer Kleidung in der letzten Zeit ist nichts anderes als eine Überbetonung des Maßstabs. (Einige dieser betonten Looks, wie zum Beispiel der Comme des Garçons aus Japan, waren so übertrieben, daß sie schlampig und unordentlich wirkten. Glücklicherweise werden diese Trends jetzt durch eine attraktivere, stark betonte Proportion ersetzt.)

Wie stark darf man übertreiben? Um ein extremes oder zu modisches Aussehen zu vermeiden und trotzdem einen akzentuierten, modernen Look zu tragen, ist es wichtig, den Maßstab zu betonen, indem man eine Nummer größer wählt, als bei ele-

ganten, lockersitzenden Kleidungsstücken normal wäre. In dem
Jahr, da ich dieses Buch schreibe, sind die Schultern breiter, die
Rocklängen und Jacken entweder sehr lang oder sehr kurz.
Letztere werden zu Röcken mit entgegengesetzter Länge getra-
gen, Hosen sind wieder in und werden nach unten schmaler; sie
haben Bundfalten oder sind kurz. Es ist wichtig, die Tendenzen
in jeder Saison zu verfolgen, da Modeschöpfer sich gerne der
Herausforderung nach Veränderung stellen.

Wer kann überbetonte oder hochmodische Kleidung tragen?
Es hängt davon ab, was für eine Persönlichkcit Sie sind. Wenn sie
den Wunsch, die Persönlichkeit und das Wissen haben, das für
diesen Look nötig ist – und ihn mit Selbstvertrauen tragen –,
dann können Sie es wagen. Sie wissen jetzt, wie Sie Ihre Linie
und Ihren Maßstab finden. Wir wollen sehen, ob Sie auch die
Persönlichkeit haben, um noch einen Schritt weiter zu gehen!

EINE FRAGE DER PERSÖNLICHKEIT

Hier sind einige einfache Fragen, die sich auf Ihre Persönlichkeit
beziehen. Bitte beantworten Sie sie ehrlich.

● Gehen Sie aus sich heraus, sind Sic cxtrovertiert?
  ☐ Ja   ☐ Nein

● Sind Sie immer die erste in Ihrer Stadt oder Nachbarschaft,
  die eine neue Frisur ausprobiert?
  ☐ Ja   ☐ Nein

● Lieben Sie Überraschungen?
  ☐ Ja   ☐ Nein

  Mögen Sie es, wenn man auf Sie aufmerksam wird?
  ☐ Ja   ☐ Nein

● Sind Sie anspruchsvoll?
  ☐ Ja   ☐ Nein

● Lieben Sie Kleidung?
  ☐ Ja   ☐ Nein

- Sind Sie konservativ und vorsichtig?
  ☐ Ja   ☐ Nein

- Tragen Sie schon seit mehreren Jahren dieselbe oder eine ähnliche Frisur?
  ☐ Ja   ☐ Nein

- Sind Sie zufrieden mit Ihrer jetzigen Garderobe?
  ☐ Ja   ☐ Nein

- Benutzen Sie das gleiche Make-up wie vor fünf Jahren?
  ☐ Ja   ☐ Nein

- Tragen Sie jedes Jahr dieselbe Rocklänge?
  ☐ Ja   ☐ Nein

- Sind Sie schüchtern oder zurückhaltend?
  ☐ Ja   ☐ Nein

Wenn Sie die ersten sechs Fragen mit Ja beantwortet haben, sind Sie bereit für den hochmodischen Look. Wenn Sie auf die letzten sechs Fragen mit Ja antworten konnten, sind Sie eher konservativ, aber trotzdem auf der Suche nach einem modischeren Aussehen. Wenn Ihre Antworten gemischt sind, wollen Sie wahrscheinlich nicht mit einem Extrem beginnen, tendieren aber doch in die hochmodische Richtung.

Denken Sie daran, daß konservatives und hochmodisches Aussehen nicht zwei verschiedene Richtungen sind. Es gibt ein weites Spektrum, das von sehr extremer Mode zu konservativer Eleganz reicht, mit vielen verschiedenen Abstufungen. Sie können also immer experimentieren, indem Sie sich langsam an einer neuen Moderichtung orientieren. Verlängern oder kürzen Sie einen Rock etwas mehr als üblich, versuchen Sie es mit einem Oberteil, das lockerer geschnitten ist, und mit einem neuen Gürtel, tragen Sie flache Schuhe oder eine bequem sitzende Hose. Wenn dieser Stil Ihnen steht und Sie sich darin wohl fühlen, können Sie weitergehen. Einige unter Ihnen sind wahrscheinlich mutiger als andere.

Diejenigen, die nicht unbedingt einen hochmodischen Look anstreben, fühlen sich vielleicht wohler mit einer eleganten, lokkeren Paßform und ihrer entsprechenden Linie. Das ist in Ordnung, solange Sie sich etwas an den aktuellen Modetrends orientieren. Sie können aktuell und modisch gekleidet sein, auch wenn Sie konservativ sind. Verlängern oder kürzen Sie Ihren Rock nur ein wenig, wählen Sie eine neue Jacke, betonen Sie Ihr Kleid oder Ihre Jacke mit kleinen Schulterpolstern. Bringen Sie Ihre Garderobe auf den neuesten Stand. Frauen, die ein hochmodisches Aussehen wünschen, müssen etwas mehr tun. Wählen Sie größere Schulterpolster, tragen Sie Röcke, die in Knöchelhöhe oder über dem Knie enden. Aber denken Sie immer daran, mit ihrer richtigen Paßform und dem passenden Maßstab zu beginnen. Vergrößern Sie den Maßstab langsam, bis Sie bei einer Größe angelangt sind, die etwas größer als Ihre elegante, lockere Paßform ist.

Auch hier gibt es bestimmte Richtlinien, die Sie in Betracht ziehen müssen, um genau zu entscheiden, wie lang oder kurz Sie Ihre Jacken und Röcke für ein modisch-konservatives oder hochmodisches Aussehen tragen können, wobei die Länge aber zu Ihnen persönlich passen muß. Ich habe bereits vorgeschlagen, den Maßstab Ihrer Kleidung zu verändern, indem Sie die nächste Größe wählen; jetzt wollen wir uns mit der möglichen Länge befassen.

WAHRUNG DER RICHTIGEN PROPORTION

Wir haben uns mit den «idealen» Körper- und Gesichtsformen befaßt. Es gibt auch «ideale» Körperproportionen. Der ideale Körper soll vier gleich große Teile aufweisen (I): vom Kopf bis zu den Achseln, (II) von den Achseln bis zum Beinansatz, (III) vom Beinansatz bis zu den Knien und (IV) von den Knien bis zum Boden – wie es die Abbildung zeigt.

Auch hier gilt wieder: Wenn Ihr Körper nicht «gleichmäßig» proportioniert ist, sollten Sie nicht versuchen, ihn so erscheinen zu lassen. Sie sollten nur verstehen, an welchen Stellen Ihr Körper länger oder kürzer ist, damit Sie wissen, welche Länge Ihre Röcke und Jacken haben müssen, wenn die Mode sich ändert.

FRAGE: *Ich habe einen Kursus über «Linie und Design» besucht. Dort habe ich gelernt, welche Länge für meine Jacken und Röcke am besten ist. Heißt das, daß ich jetzt die Modetrends ignorieren soll? Ich will nicht unbedingt nach dem letzten Schrei gekleidet sein, möchte aber modisch aussehen.*

ANTWORT: Wenn Ihre Figur so wirken soll, als ob sie ideale Proportionen hätte, sind die Längen, zu denen man Ihnen geraten hat, genau richtig. Jedes Jahr werden jedoch andere Größenverhältnisse als neu und aufregend empfunden. (Die Modeschöpfer ändern diese Proportionen nicht, um uns das Leben schwerzumachen, sondern weil sie wissen, daß wir in unserem Leben Abwechslung brauchen.) Um den Individualismus zu pflegen, müssen wir ständig lernen und Neues ausprobieren. Daher ist es wichtig zu verstehen, wie man seine Proportionen an die neuen Moderichtungen anpassen kann. Wenn Sie wissen, in welchen Bereichen Ihr Körper zu lang oder kurz ist, können Sie besser erkennen, wie Sie Ihre Jacken- und Rocklänge von Jahr zu Jahr ändern müssen. Wie groß diese Veränderung ist, hängt von Ihren Proportionen ab, von Ihren Wünschen und von der Moderichtung.

DER IDEALE KÖRPERBAU KANN IN VIER GLEICHE TEILE AUFGETEILT WERDEN:

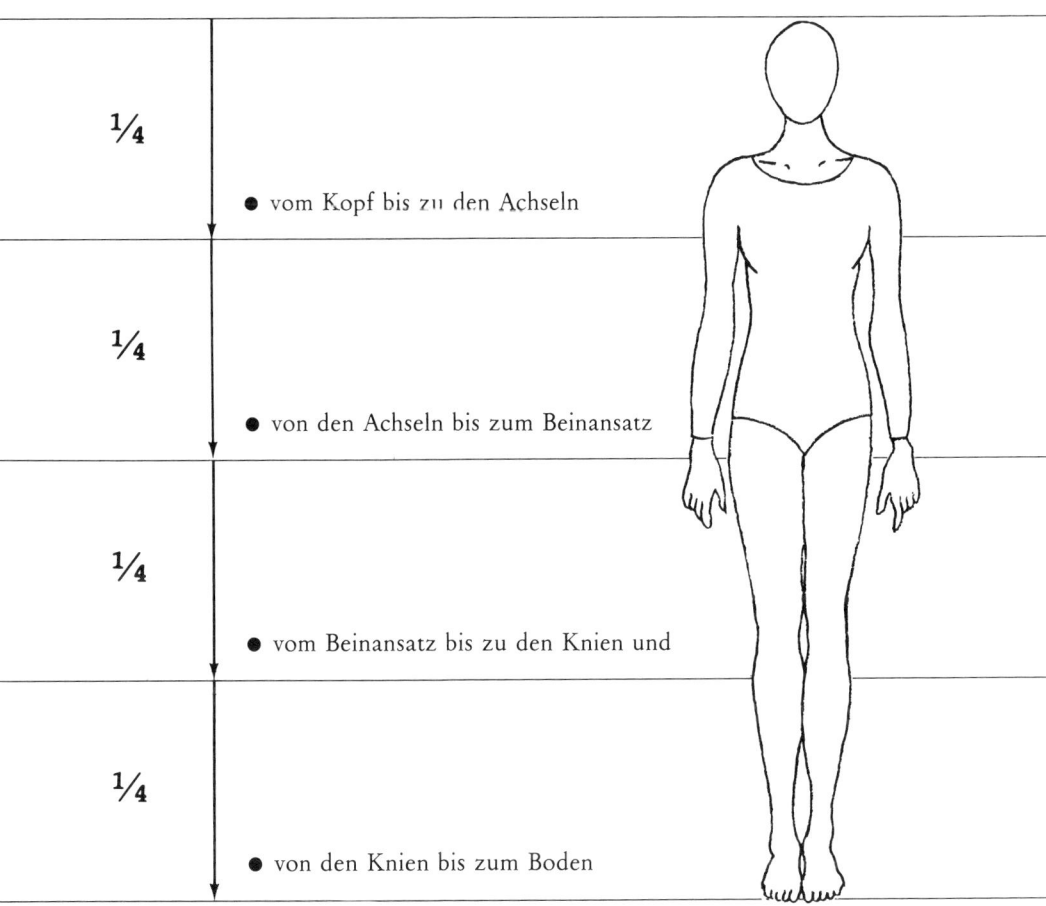

¼ ● vom Kopf bis zu den Achseln

¼ ● von den Achseln bis zum Beinansatz

¼ ● vom Beinansatz bis zu den Knien und

¼ ● von den Knien bis zum Boden

Wahrscheinlich sind Ihre Proportionen nicht ideal. Wenn Sie verstehen, wo Sie zu lang oder zu kurz sind, können Sie lernen, wie Sie jede Mode am besten auf Ihre besonderen Bedürfnisse abstimmen können.

Zum Beispiel können Sie die Wirkung der Beinlänge verändern, indem Sie Ihre Jackenlänge variieren – aber wie stark Sie sie verändern können, hängt ganz von Ihren individuellen Proportionen ab.

WIE MAN VERMEIDET, ÄLTER AUSZUSEHEN

Als erstes müssen Sie entscheiden, welchen Look Sie erreichen wollen. Man sollte immer versuchen, modisch zu wirken und nach dem aktuellen Look streben. Viele Frauen gehen davon aus, eine bestimmte Länge für ihre Röcke und Jacken zu suchen, um diese dann immer beizubehalten! Das ist natürlich bequemer, aber Sie werden dann zunehmend altmodisch gekleidet wirken. Dadurch wirken Sie natürlich älter. Es ist, als ob Sie immer noch dasselbe Make-up trügen wie zu der Zeit, als Sie es zum ersten Mal benutzten. Oft sage ich meinen Zuhörerinnen, daß ich am Stil ihres Make-ups ablesen kann, wie alt sie sind: Stil der fünfziger, sechziger oder vierziger Jahre! Fraglos ist es ein bißchen anspruchsvoller, von Zeit zu Zeit die Rocklänge zu ändern, aber Sie werden viel besser aussehen, viel jugendlicher. Man wird den Eindruck haben, daß Sie sich um Ihr Aussehen kümmern. Die zusätzliche Zeit und der Arbeitsaufwand sind es wert. Es gehört nicht viel dazu, seine Kleidung auf den neuesten Stand zu bringen; oft geht es nur um ein paar Zentimeter in die eine oder andere Richtung.

DIE BEINE: WISSEN, WO SIE STEHEN

In meinen Kursen für Linienführung und Proportionen mache ich eine grobe Zeichnung des Körpers, um entscheiden zu können, welcher Teil des Körpers zu lang oder zu kurz ist. Wenn Ihr Körper vom Kopf bis zu den Achseln kurz ist, ist das nicht weiter schlimm. Entscheidender sind die Beinlänge, besonders von den Knien bis zum Boden, und die Rumpflänge. Sehen Sie sich die Bereiche A und B in dieser Abbildung an.

WIE KÖNNEN FRAUEN MIT SOLCHEN FIGUREN LÄNGERE RÖCKE TRAGEN UND DENNOCH IHREN BEINEN SCHMEICHELN?

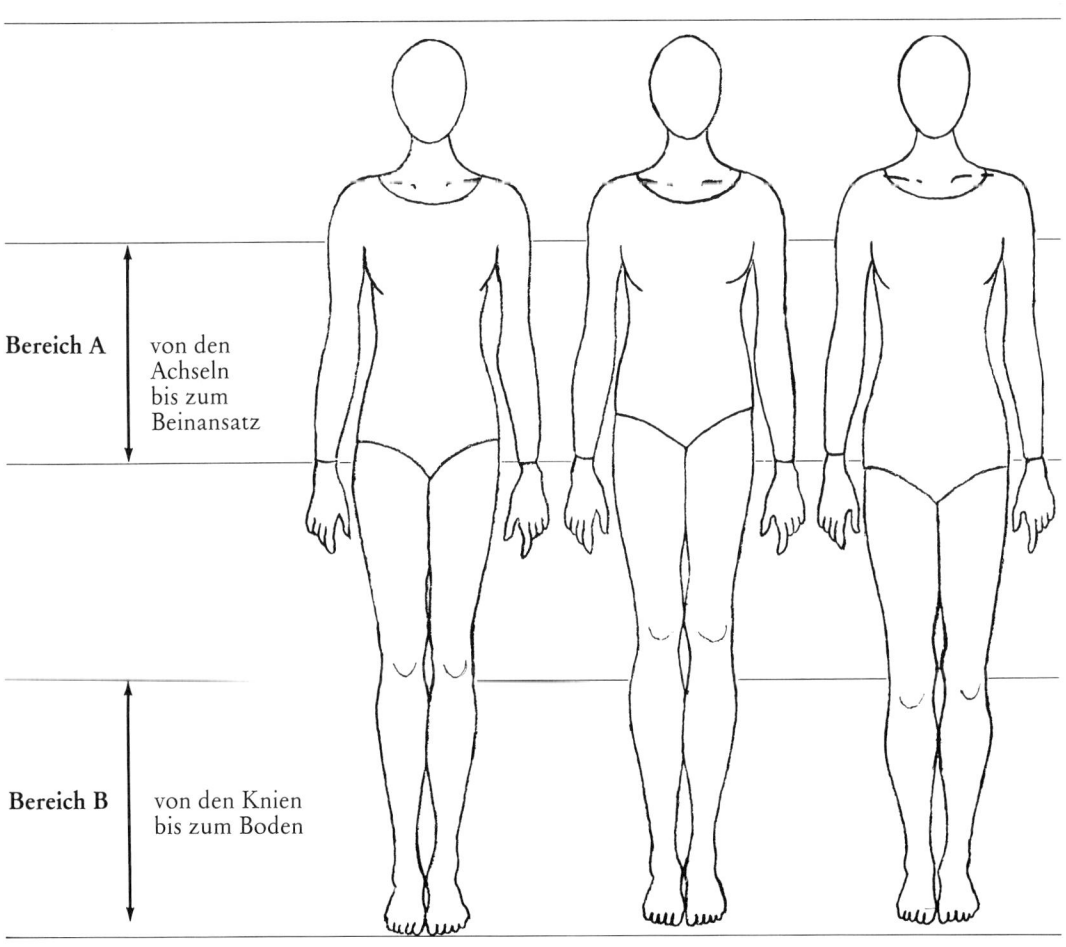

Bereich A   von den Achseln bis zum Beinansatz

Bereich B   von den Knien bis zum Boden

Ideale Figur

Der Bereich von den Knien bis zum Boden ist lang

Der Bereich von den Knien bis zum Boden ist kurz

Wir wollen uns einmal Ihre Beinlänge von den Knien bis zu den Füßen ansehen. Wenn Ihre Beine in diesem Bereich lang sind, können Sie Ihre Röcke sehr lang tragen, wenn die Mode in diese Richtung geht. Zeigen Sie unter dem Rock noch so viel Bein, daß es Ihrem Aussehen schmeichelt. Wenn kurze Röcke aktuell sind, müssen Sie vorsichtig sein. Wenn der Rock zu kurz ist, werden Ihre Beine so lang scheinen, daß sie unproportioniert wirken. Sie können den Eindruck erwecken, einen kurzen Rock zu tragen, indem Sie einen etwas längeren Rock wählen und mit einer längeren Jacke ergänzen. Das Ergebnis: Ihr Rock wirkt kürzer. Sie haben eine modische Wirkung erzielt und das Erscheinungsbild Ihrer Beine schön abgerundet.

Wenn Ihre Beine von den Knien bis zum Boden kurz sind und Sie lange Röcke tragen wollen, müssen Sie vorsichtig sein. Damit Sie noch genug Bein zeigen können und der Rock Ihnen gut steht, darf er nicht zu lang sein. Sie haben nicht genug Spielraum. Sie können jedoch Ihre Jacke etwas kürzen, so daß der Rock länger wirkt. Sie können sehr kurze Röcke tragen, wenn sie modern eingestellt sind, aber Sie müssen dann darauf achten, daß die Jacke nicht zu lang ist. Schließlich soll noch etwas vom Rock zu sehen sein! Es geht im Grunde um eine optische Täuschung. Wenn Sie richtig einschätzen, in welchen Bereichen Ihr Körper lang oder kurz ist, und wenn Sie die Modetrends erkennen, wissen Sie nun, wie Sie die Länge Ihrer Kleidung anpassen müssen.

Als die Chanel-Kostüme modern waren, war die Mode auf gleichmäßige Proportionen ausgerichtet. Auch dies kann man durch die Änderung der Länge von Rock und Jacke erreichen. Nutzen Sie diese Information, um den Look zu kreieren, den Sie anstreben, und nicht, um zu bewerten, ob Ihr Körper perfekt ist oder nicht. Ihr Körper und Ihre Gesichtsform, Ihre Figur und Ihre Proportionen machen Ihre Persönlichkeit aus. Arbeiten Sie damit, um Ihren eigenen Stil zu entwickeln!

Die folgende Tabelle faßt Ihren Gesamtstil zusammen. Wählen Sie die Ihnen entsprechende Körperlinie, und füllen Sie, wo es nötig ist, die leeren Positionen aus, so daß Sie Ihren individuellen Maßstab erhalten.

GESAMTSTIL

	Gerade Linien	*Abgerundete Linien*	*Kurvige Linien*
Körperformen	Dreieck Rechteck Quadrat	Rechteck Ellipse	Oval Kreis
Gesichtsformen	Raute Rechteck Quadrat	Oval Quadrat Längliches Rechteck Rechteck/abgerundet	Oval Herz Birne Kreis Längliches Rechteck
Kleiderlinien	Gerader Umriß Gerade Detaillinien	Abgerundeter Umriß Gerader Umriß bei weichem Stoff und nicht ausgearbeiteten Details Gerade Details auf weichem Stoff Konturierte Umrißlinien	Kurviger Umriß Kurvige Details Abgerundete Details
Stoff	Wählen Sie für Ihre Linie eine Größe für Details!		
	Gerade Linien	*Abgerundete Linien*	*Kurvige Linien*
Feine Stoffe/ kleine Details	☐	☐	☐
Stoffe von durchschnittlichem Gewicht/durchschnittlich große Details	☐	☐	☐
Schwere Stoffe/ großes Detail	☐	☐	☐
Struktur	Wenig	Maximum	Wenig
Muster	Geometrisch Abstrakt Streifen Deutliches Überkaro Fischgrät Glencheck Karo	Streifen Paisley Überkaro Realistisch Tweed	Geblümt Verschwommen Wirbelmuster Rundliche Muster

Fortsetzung auf der nächsten Seite

Maßstab

Wählen Sie einen Maßstab in Ihrer Linie!

	Gerade Linien	*Abgerundete Linien*	*Kurvige Linien*
Übergroß 1,67 m und mehr	☐	☐	☐
Durchschnittlicher Maßstab 1,57 m bis 1,65 m	☐	☐	☐
Zierlich 1,57 und darunter	☐	☐	☐
Accessoires	Geometrisch/eckig Ausgearbeitet Quadratisch Rautenförmig Rechteckig	Geometrisch/abgerundet Nicht ausgearbeitet Mit weichem Material ausgearbeitet Oval Elliptisch	Kurvig Weich ausgearbeitet Rund Blumenförmig Oval

Accessoires

Wählen Sie einen Maßstab für die Accessoires Ihrer Linie!

	Gerade Linien	*Abgerundete Linien*	*Kurvige Linien*
Große Accessoires (übergroß)	☐	☐	☐
Mittel (durchschnittlich)	☐	☐	☐
Klein/mittel (zierlich)	☐	☐	☐

Moderichtung

Wählen Sie eine Moderichtung für Ihre Linie!

	Gerade Linien	*Abgerundete Linien*	*Kurvige Linien*
Hochmodisch (stark betonter Maßstab und Accessoires)	☐	☐	☐
Hochmodisch-konservativ (leicht betont)	☐	☐	☐
Modisch-konservativ (klassisch mit modischem Einschlag)	☐	☐	☐

DAMIT SIE DIE RICHTIGE WAHL TREFFEN

Die Modeschöpfer und die Modehersteller von heute bieten jedem von uns aufregende Wahlmöglichkeiten, egal, welchen Körpertyp und persönlichen Stil wir vertreten. Die Designer «diktieren» nicht mehr, was man zu tragen hat. Sie und ich, wir alle können die Modestile wählen, die am besten zu unserem Körpertyp, unserer Persönlichkeit und unserem Lebensstil passen. Jede Saison bringt Veränderungen, die den Einkauf aufregender als je zuvor machen, besonders dann, wenn man weiß, wie man sie in den persönlichen Kleidungsstil einbauen kann.

Als letztes wollen wir uns mit einem weiteren Element des Gesamtstils befassen: mit der Farbe.

FRAGE: *In jeder Saison entwerfen die Modeschöpfer einen neuen Look und führen neue Farben ein. Wie können wir ihnen folgen und unsere Garderobe jede Saison verändern, ohne ein Vermögen dafür auszugeben?*

ANTWORT: Modeschöpfer zeigen nur die Richtung an. Obwohl es wichtig ist, sich in dieser Moderichtung zu bewegen, um aktuell und modisch gekleidet zu sein, muß niemand in jeder Saison seine gesamte Garderobe radikal wechseln. Sie sollten nur einige Schritte in die neue Moderichtung der Saison gehen. Selbst eine kleine Veränderung läßt Sie jugendlicher und modisch gekleidet erscheinen. Außerdem werden Sie sich selbst besser fühlen!

Teil VI
DIE FARBE

Ein Modeentwurf: der letzte Schliff

Modeschöpfer müssen in vielen Bereichen gleichzeitig arbeiten:
Sie müssen Stoffe, Farbe, Linie, Maßstab und Detail in Betracht
ziehen, ebenso wie das undefinierbare «gewisse Etwas», das dem
Endprodukt die einzigartige Ausstrahlung gibt, die die Kunden
erwarten.

Die Quellen für Modeideen sind so vielfältig wie die einzelnen
Modeschöpfer selbst. Oft stammen die Ideen von den erfinderi-
schen Kombinationen, die sich die jungen Leute in Städten wie
London und Mailand ausdenken und die den Begriff «Straßen-
schick» geprägt haben. Einige signierte Entwürfe werden Jahr
für Jahr wiederholt, sie werden nur leicht abgeändert, so daß die
neueste Moderichtung sichtbar wird. Andere bieten aufsehen-
erregende neue Entwürfe an, wenn talentierte junge Designer
die Hauptbühne der Modeindustrie betreten.

Textildesigner und Hersteller spielen eine Schlüsselrolle im
Designprozeß, denn sie geben mit ihren verlockenden, frühen
Voraussagen in bezug auf Farbe und Muster schon eine Richtung vor. Da sie die Modeschöpfer inspirieren, sind ihre Stoffe
oft das erste Element in der Gesamtkomposition.

Der nächste Schritt ist der Entwurf der Silhouette. Wenn die
neuen Stoffe verwendet werden, um die neue Silhouette zu inter-
pretieren, nimmt der Entwurf Form an. Wenn schließlich die
endgültigen Details an ihrem Platz sind und wenn Stoff, Silhouette und Detaillinien zusammenwirken und Ausgewogenheit
und Harmonie bewirken, kann das Ergebnis umwerfend sein.

Die Abbildung zeigt den Entwurf eines Modeschöpfers mit
den verschiedenen Größen, die beim Design einer Kollektion
eine Rolle spielen. Zuerst werden zwei aktuelle Stoffentwürfe –
hier ein Paisley und ein Foulard – in Komplementärfarben
gewählt. Obwohl jeder Stoff für sich allein wirkt, verdoppelt sich
ihr Reiz, wenn sie zusammen verwendet werden.

Dann wird die Silhouette des Kleidungsstücks entwickelt.
Beachten Sie die Linie, den Maßstab und das Detail der Zeich-
nungen. Einige der Silhouettenlinien sind gerade, andere kurvig.
«Separates» werden ausgewählt, um der Käuferin mehrere
Wahlmöglichkeiten beim Tragen der einzelnen Stücke zu geben.
Durch die verschiedenen Stoffe verändern sich die Kleidungs-
stücke. Sie wirken in dem Paisleystoff weicher und «gerade» in
dem Foulard. Auf diese Weise wird die Kollektion für eine große
Kundschaft mit den unterschiedlichsten Wünschen tragbar.

Wann ist der Entwurf «fertig»? Wir wollen diese Frage einmal vom Standpunkt des Modeschöpfers aus betrachten. Der letzte Faktor für ihn ist die Frage, wer diesen Entwurf tatsächlich tragen wird. Ideal ist es, wenn die Trägerin die körperlichen Merkmale und die Persönlichkeit hat, die den Entwurf des Designers wirklich ergänzen. Seine ganze Schönheit – und die der Trägerin – kann nur realisiert werden, wenn sie einander ergänzen.

ENTWURF EINES DESIGNERS

NEUE FARBEN FÜR DEN WINTER:
IHRE FLIESSFARBEN

Lippenstift und Rougefarben

WINTER → Sommer

Achten Sie auf die Bewegung von Zyklam hin zu gedämpftem
Puderrosa mit Brombeerrot in der Mitte.

WINTER → Herbst

Achten Sie auf die Bewegung von Pflaumenrot hin zu Rostbraun
mit Scharlachrot in der Mitte.

WINTER → Frühling

Achten Sie auf die Bewegung von Dunkelrot hin zu Koralle mit
Wassermelone in der Mitte.

Farben für eine erweiterte Garderobe

WINTER → Sommer

Das gedämpfte Lila basiert auf Blau und ist dunkel genug, um vom Winter-Sommer-Typ erfolgreich getragen zu werden.

WINTER → Herbst

Das Petrolblau hat die richtige Intensität und einen blaugrünen Ton. Es paßt daher gut zum Winter-Herbst-Typ.

WINTER → Frühling

Das helle Petrolblau ist eine helle, klare Farbe mit blaugrünen Merkmalen. Es sieht am Winter-Frühlings-Typ phantastisch aus.

Gedämpftes Lila
(Sommer)

Petrolblau
(Herbst)

Helles Petrolblau
(Frühling)

Susan

WINTER → Sommer

Susan hat einen rosigen Teint. Ihre Augen sind graublau, und ihr Haar ist mittelbraun. Ihre kühle Farbgebung ist weder sehr dunkel noch sehr hell. Dieser kühle Unterton ist ihr hervorstechendstes Merkmal. Sie hat eine Farbgebung, die der einiger Sommer-Typen entspricht.

Patricia

WINTER → Herbst

Patricia ist ein dunkler Typ. Ihre dunkelbraunen Augen gehen leicht ins Grünliche. Ihr dunkelbraunes Haar hat rote Glanzlichter. Da ihr Hautton auf Blau basiert, passen die gedämpften und die besonders goldenen Farben des Herbstes nicht so gut zu ihr.

Joan

WINTER → Frühling

Joan hat eine porzellanfarbige Haut, dunkelbraune Haare und hellblaue Augen. Ihr beherrschendes Merkmal ist die Klarheit der Farbe. Ihre Farbgebung ähnelt der einiger Frühlings-Typen.

NEUE FARBEN FÜR DEN SOMMER: IHRE FLIESSFARBEN

Lippenstift und Rougefarben

SOMMER → Winter

Achten Sie auf die Bewegung von Puderrosa hin zu leuchtendem Zyklam mit Brombeerrot in der Mitte.

SOMMER → Herbst

Achten Sie auf die Bewegung von gedämpftem Weinrot hin zu gedämpftem Mahagoni mit den warmen Puderrosatönen in der Mitte.

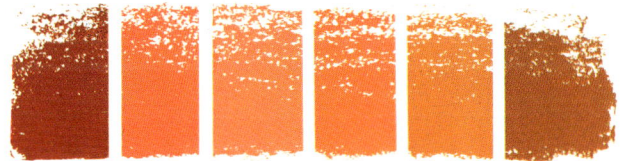

SOMMER → Frühling

Achten Sie auf die Bewegung von Rosé hin zu klarem Lachsrosa mit den warmen Rosatönen in der Mitte.

Farben für eine erweiterte Garderobe

SOMMER → Winter

Das kräftige, dunkle Pink ist für Sommer-Winter-Typ nicht zu
hell. Es ist von mittlerer Intensität und sehr schmeichelnd.

SOMMER → Herbst

Das Graugrün wirkt weich und gedämpft, es enthält sehr wenig
Gelb. Es hat pastellartige Merkmale und sieht daher sehr schön
an einem Sommer-Herbst-Typ aus.

SOMMER → Frühling

Das intensive Aquamarin hat keinen vorherrschenden Gelbton
und sieht daher aufregend am Sommer-Frühlings-Typ aus.

Kräftiges,
dunkles Pink
(Winter)

Graugrün
(Herbst)

Intensives
Aquamarin
(Frühling)

Laurie

SOMMER → Winter

Lauries natürliche Haarfarbe ist ein mittleres Aschbraun. Sie hat einen rosigen Teint und dunkelblaue Augen. Ihre Farbgebung ist dunkler und klarer als die vieler anderer Sommer-Typen.

Es sind die Sommer-Typen, die ihr Haar am wirkungsvollsten tönen können. Die drei abgebildeten Modelle haben alle getönte Haare.

Valerie

SOMMER → Herbst

Valeries Haar hat ebenfalls einen mittleren Aschton. Ihre Augen weisen jedoch einen weichen, warmen Grünton auf. Ihr Teint wirkt nicht so kühl wie Lauries. Ihr hervorstechendes Merkmal ist ihre gedämpfte Farbgebung, die der manches Herbst-Typs ähnelt.

Lori

SOMMER → Frühling

Loris Haar ist hell. Sie hat hellblondes Haar mit einigen warmen Glanzlichtern und blaue Augen. Ihr Teint ist kühl, ähnelt aber dem von Frühlings-Typen.

NEUE FARBEN FÜR DEN HERBST: IHRE FLIESSFARBEN

Lippenstift und Rougefarben

HERBST → Winter

Achten Sie auf den Verlauf von Rostbraun hin zu Pflaumenrot mit Dunkelrot in der Mitte.

HERBST → Sommer

Achten Sie auf den Verlauf von gedämpftem Mahagoni hin zu gedämpftem Weinrot mit dem warmen Puderrosa in der Mitte.

HERBST → Frühling

Achten Sie auf den Verlauf von dunklem Rostbraun hin zu hellem Korallenrot mit Zinnoberrot in der Mitte.

Farben für eine erweiterte Garderobe

HERBST → Winter

Das Scharlachrot ist eine dunkle Farbe, die den Herbst-Winter-
Typ ergänzt.

HERBST → Sommer

Das dunkle Blaugrün hat genug Gelbanklang und ist intensiv
genug für den Herbst-Sommer-Typ.

HERBST → Frühling

Das klare Goldgelb ist sehr golden und weich genug, um am
Herbst-Frühlings-Typ besondere Wirkung zu erzielen.

Scharlachrot
(Winter)

*Dunkles
Blaugrün*
(Sommer)

*Klares
Goldgelb*
(Frühling)

Jeannie

HERBST → Winter

Jeannie hat elfenbeinfarbene Haut, warme, dunkelbraune
Augen und dunkles, kastanienbraunes Haar. Die Tiefe ihrer
Farbgebung ist ihr hervorstechendes Merkmal. Ihre Farben erin-
nern an die mancher Winter-Typen.

Phyllis

HERBST → Sommer

Phyllis' Haar zeigt einen mittleren, goldblonden Ton; sie hat grüne Augen. Ihre Farbgebung ist weder sehr dunkel noch sehr hell. Ihr beherrschendes Merkmal ist die Weichheit ihrer Farben, die der mancher Sommer-Typen entspricht.

Jennifer

HERBST → Frühling

Jennifer hat kastanienbraunes Haar, moosgrüne Augen und einen goldenen Teint. Ihr beherrschendes Merkmal ist ihr warmer Unterton. Die Farbgebung ähnelt der mancher Frühlings-Typen.

NEUE FARBEN FÜR DEN FRÜHLING: IHRE FLIESSFARBEN

Lippenstift und Rougefarben

FRÜHLING → Herbst

Achten Sie auf den Verlauf von Koralle hin zu Rostbraun mit Zinnoberrot in der Mitte.

FRÜHLING → Sommer

Achten Sie auf den Verlauf von klarem Lachsrosa hin zu Pink mit den warmen Rosatönen in der Mitte.

FRÜHLING → Winter

Achten Sie auf den Verlauf von Koralle hin zu Dunkelrot mit Wassermelone in der Mitte.

Farben für eine erweiterte Garderobe

FRÜHLING → Herbst

Das Kürbisgelb des Herbstes ist hell und klar genug, um die Farbgebung des Frühlings-Herbst-Typs zu ergänzen.

FRÜHLING → Sommer

Das Rot der Wassermelone hat einen leichten Anklang von Koralle und wird oft als das «Orange» des Sommers bezeichnet. Es ist eine wunderbare Farbe für den Frühlings-Sommer-Typ.

FRÜHLING → Winter

Das Lagunenblau ist hell und klar. Es enthält genug Gelb, so daß es am Frühjahrs-Winter-Typ sehr schön aussieht.

Kürbisgelb
(Herbst)

Wassermelone
(Sommer)

Lagunenblau
(Winter)

Sharon

FRÜHLING → Herbst

Sharon hat hellrotes Haar, türkisfarbene Augen und einen goldenen Teint. Ihr beherrschendes Merkmal ist ihre goldene Farbgebung, die der vieler Herbst-Typen entspricht.

Holly

FRÜHLING → Sommer

Hollys Haar ist hell. Ihr Teint schimmert warm und ist
rosafarben. Sie hat helle, goldblonde Haare und warme, blaue
Augen. Ihre Farben ähneln denen mancher Sommer-Typen.

Carol Ann

FRÜHLING → Winter
Carol Ann hat dunkelbraunes Haar und klare, hellblaue Augen.
Ihr elfenbeinfarbiger Teint ist sehr hell und bildet einen starken
Kontrast zu ihrem dunklen Haar. Die Helligkeit ihrer
Farbgebung ist ihr beherrschendes Merkmal. Ihre Farbgebung
ähnelt der mancher Winter-Typen.

Winter / Sommer

Auf dieser Karte mit den kühlen Winter-Sommer-Tönen sind die Farben von den dunkelsten und lebhaftesten des Winters auf der linken Seite bis hin zu den weichsten und gedämpftesten Farben des Sommers auf der rechten Seite angeordnet. Beachten Sie die Farben auf dem Mittelband!

REIHE I: Das Wollweiß des Sommers ist eine Farbe, die jeder mit Erfolg tragen kann. Das Hell- und das Mittelgrau des Winters und die blaugrauen Töne des Sommers gehören in denselben Bereich. Das Anthrazit des Winters wird zum Schwarz bei den Farben des Mittelbandes.

REIHE III: Die Blautöne im Fließfarbenbereich des Winters sind das kräftige Blau und das Marineblau. Das Marineblau ist jedoch nicht so dunkel wie auf der echten Winterpalette. Das Lapisblau des Sommers wird hinzugefügt, obwohl es heller ist als die anderen Töne des Farbbandes, aber es ist klar genug, um zur Geltung zu kommen.

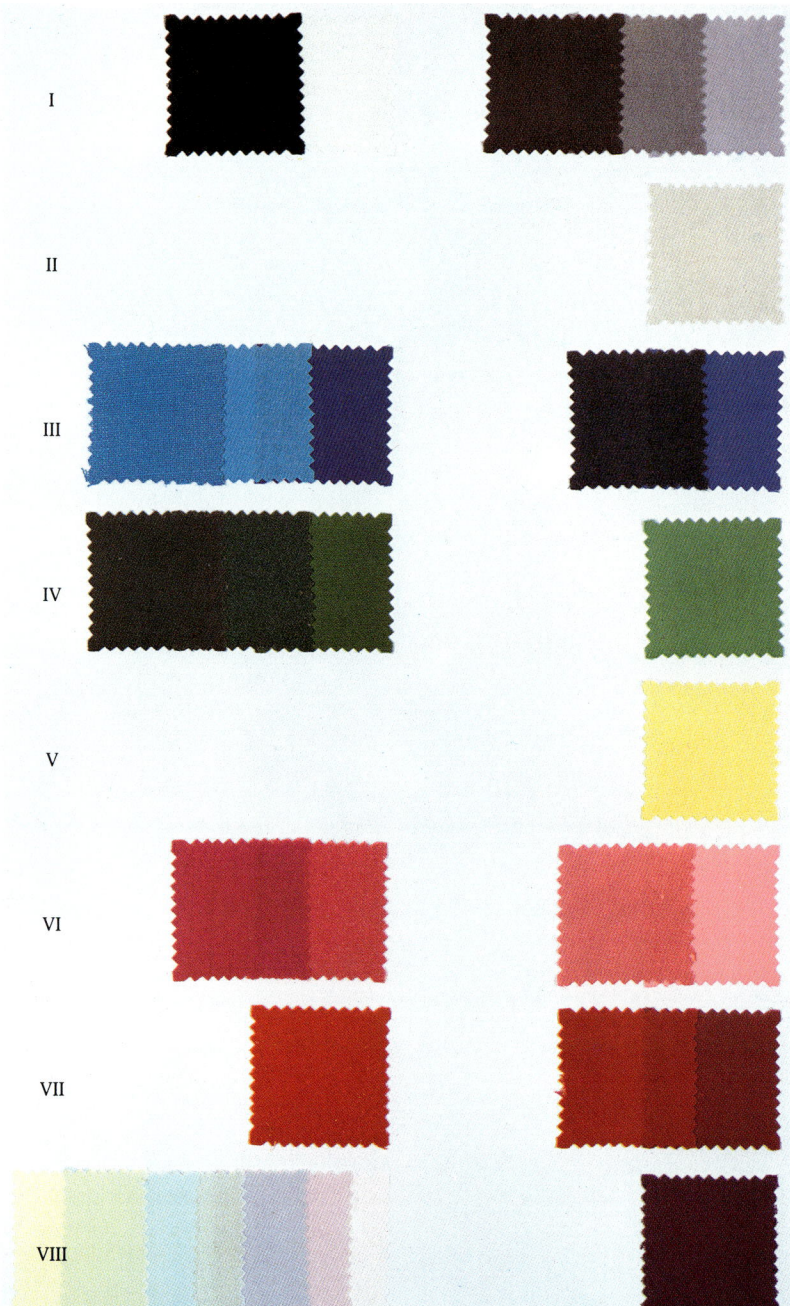

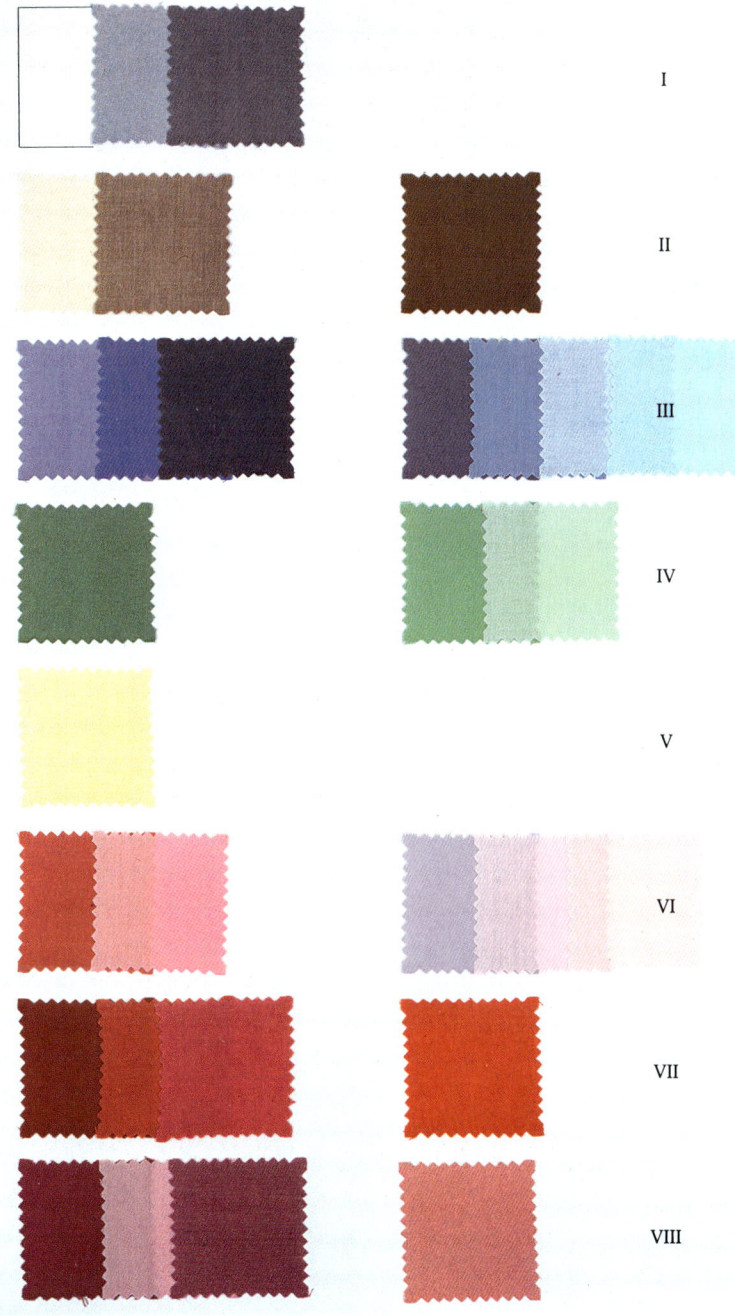

REIHEN IV und V:
Die Grün- und die
Gelbtöne sind eng
miteinander verwandt.

REIHE VI: Die mitt-
leren Rosatöne des
Winters und das Pink
des Sommers scheinen
fast austauschbar. Das
Dunkelrosa des
Sommers ist etwas
gedämpfter als manche
andere Farben des Farb-
bandes, aber da es eine
dunkle und satte Farbe
ist, paßt es dazu.

REIHE VII: Die wein-
roten und die dunkel-
roten Farbtöne sowie
das Himbeerrot sind
echte Fließfarben.

REIHE VIII: Pflau-
menblau, Orchidee und
das gedämpfte Lila des
Sommers sind von der
Intensität her mittel bis
dunkel und gehören zu
den klarsten Sommer-
farben.

Herbst / Frühling

Auf der Karte mit den warmen Farben von Herbst / Frühling sind die Farben von den dunkelsten und gedämpftesten Herbstfarben auf der linken bis hin zu den hellsten und klarsten Farbtönen des Frühlings auf der rechten Seite angeordnet. Beachten Sie die Töne auf dem Farbband in der Mitte!

REIHE I: Die Farbtöne Cremeweiß, Sand und Camel des Herbstes ähneln stark den eierschalenfarbenen und beige-goldenen Farbtönen des Frühjahrs.

REIHE II: Das Gold, das Terrakotta und das Kürbisgelb des Herbstes sind so hell und klar, daß sie neben dem klaren Goldgelb und Goldbraun des Frühlings nicht zu schwer wirken.

REIHE III: Die Herbstfarben Lachs und kräftiges Abricot sind immer noch hell genug, um in den gleichen Bereich wie das Lachsrosa und das Abricot des Frühlings zu gehören, obwohl sie gedämpfter sind.

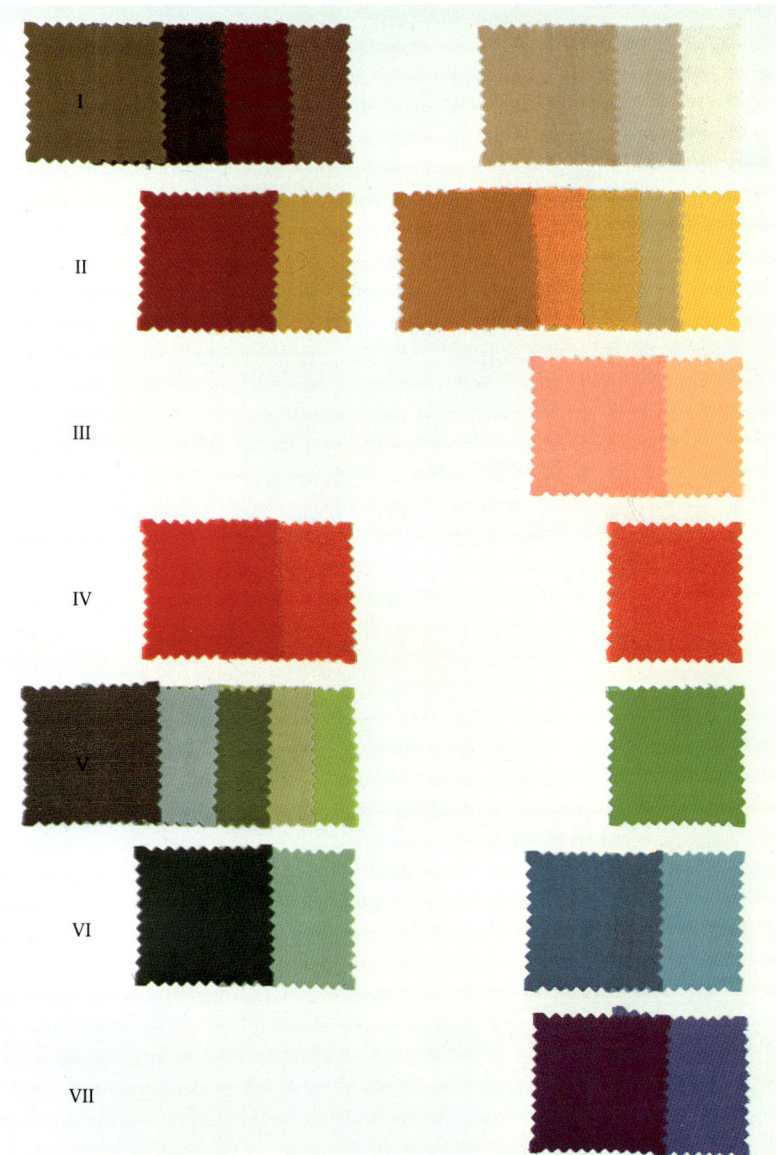

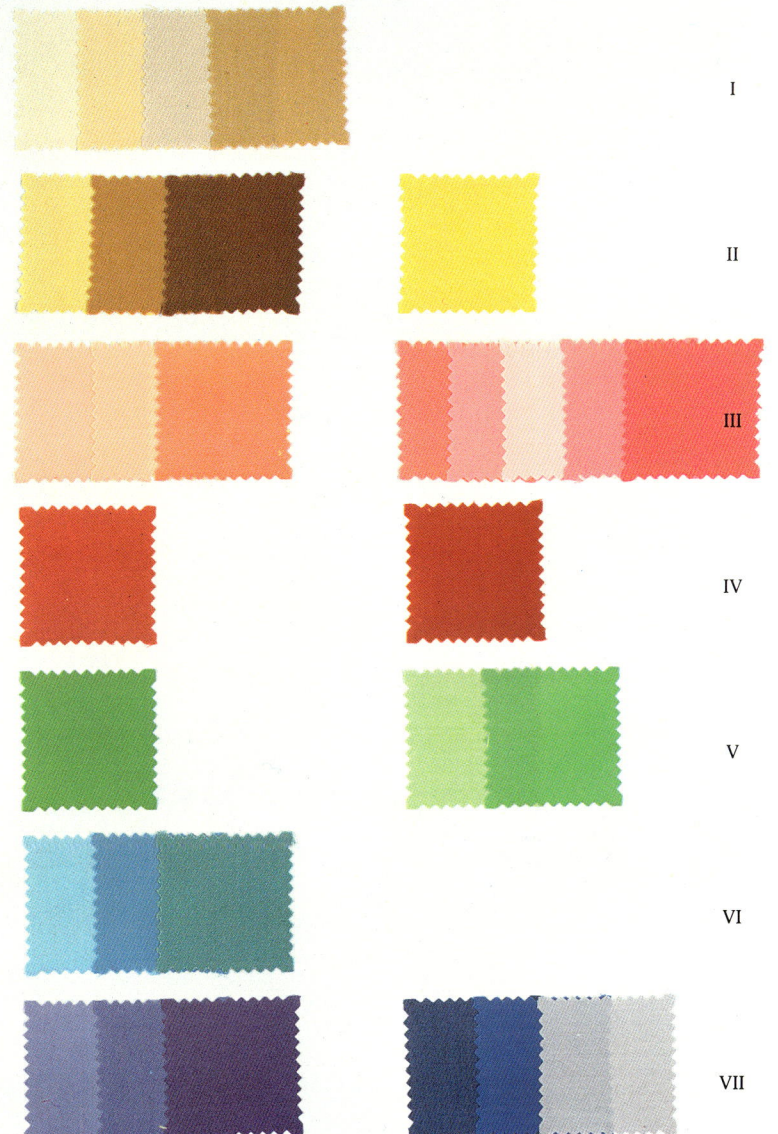

I

II

III

IV

V

VI

VII

REIHE IV: Die orange-roten Farbtöne des Herbstes und des Frühlings sind im Prinzip austauschbar. Es ist möglich, dem Farbband in der Mitte das Zinnoberrot des Herbstes hinzuzufügen.

REIHE V: Die Grüntöne, die aus beiden Paletten hinzugefügt wurden, sind hell und klar.

REIHE VI: Die petrolblauen Töne, die Türkistöne und die Aquamarintöne der beiden Jahreszeiten kann man wie die Beigetöne einander klar zuordnen.

REIHE VII: Das Lapisblau und das Lila des Herbstes sind nur etwas dunkler als das Lapisblau und das Veilchenblau des Frühlings; sie sind aber klar genug, um in den Bereich der Fließfarben zu gehören.

Winter / Herbst

Auf der Karte der dunklen Farbtöne von Winter / Herbst sind die Farben vom dunkelsten Blau des Winters auf der linken Seite bis hin zum gedämpftesten Goldton des Herbstes auf der rechten Seite angeordnet. Beachten Sie die Töne auf dem Farbband in der Mitte!

REIHE I: Sie sehen, daß das dunkle Schokoladenbraun des Herbstes sehr dunkel ist und nicht besonders golden. Es paßt gut zu schwarzen Accessoires. Schwarz und Anthrazit sind dem Fließfarbband als neutrale Farben angegliedert. Mahagoni ist eine Kreuzung zwischen Rostrot und Weinrot und paßt daher genau zu diesem Band. Weil einige Rosttöne klar sind und mehr Rot als Orange enthalten, wurde dieses Rostrot dazugenommen.

REIHE II: Zu Cremeweiß und Graubeige (Taupe) kann man das Wollweiß des Sommers geben.

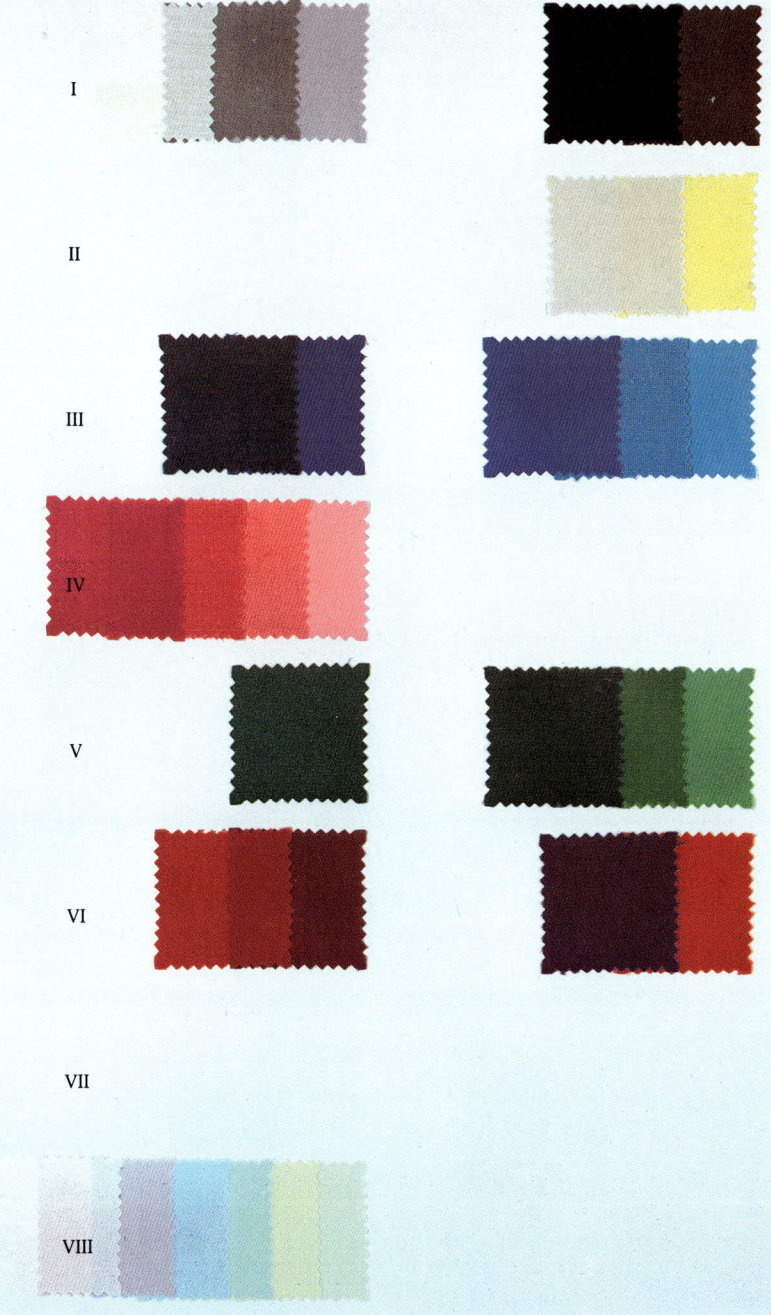

I

II

III

IV

V

VI

VII

VIII

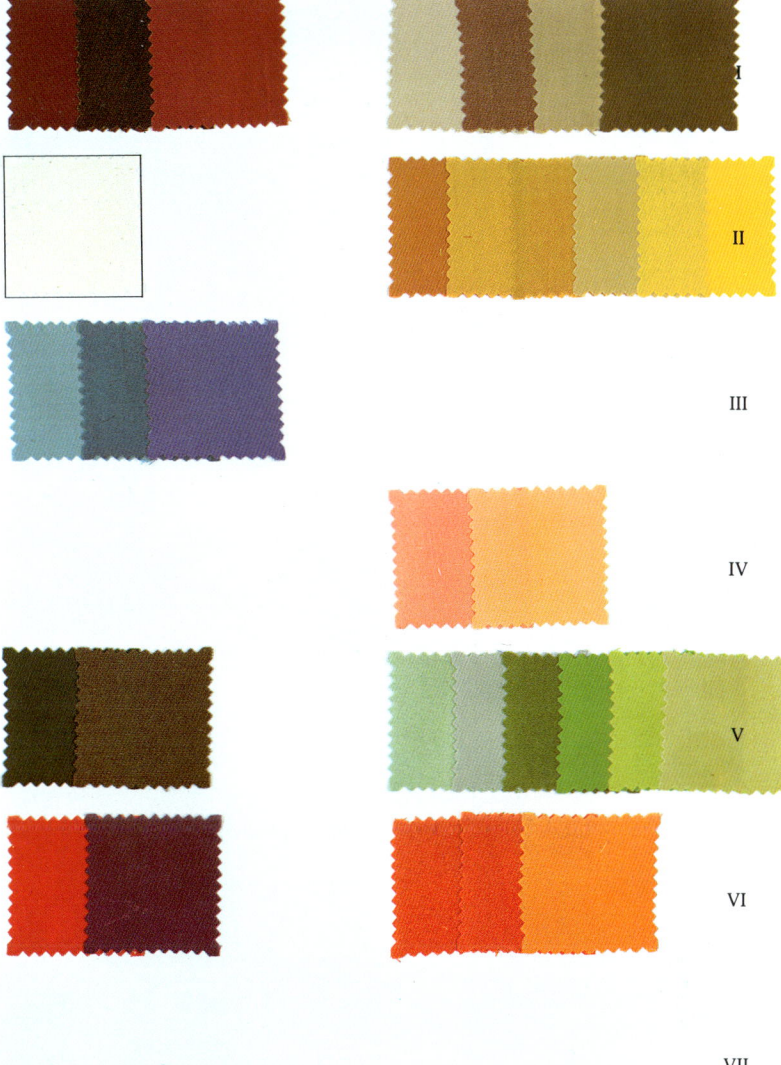

REIHE III: Das kräftige Türkisblau und das Lagunenblau des Winters enthalten im Grundton etwas Gelb und gehören deshalb dazu. Das Petrolblau und das Türkis des Herbstes erzeugen einen blaugrünen Effekt. Das Lapisblau ist blau und klar genug, um mit den Winterfarben zusammen getragen zu werden.

REIHE V: Die dunklen Grüntöne des Winters und das Tannengrün ähneln klar dem Flaschengrün des Herbstes. Das Olivgrün ist am gedämpftesten, aber es wirkt durch seine Intensität und seinen «Grau»-Effekt.

REIHE VI: Das Scharlachrot des Winters hat die gleichen Anteile von Gold und Blau und ist daher direkt mit dem Tomatenrot des Herbstes verwandt. Die Violettöne sind fast austauschbar, wenn man sie von der Intensität her betrachtet.

Sommer / Frühjahr

Auf der Karte sind die hellen Farbtöne von Sommer / Frühling vom stärksten Blauton des Sommers auf der linken Seite zum stärksten Goldton des Frühlings auf der rechten Seite angeordnet. Beachten Sie auch hier wieder die Farbtöne auf dem Band in der Mitte!

REIHE I: Die Frühlingsfarben Eierschale und Gelbbeige basieren auf Gelb, sind aber klar. Das Wollweiß und das blasse Zitronengelb sind klar und harmonieren gut mit der Frühjahrspalette.

REIHE II: Die blaugrünen Farbtöne des Sommers enthalten Gelb und sind klar genug, um mit den Farben des Frühlingsbandes zu harmonieren.

REIHE III: Die Rosatöne des Frühlings sind warm, mit einem leichten Anklang von Gelb, und ähneln daher stark den dunklen Rosatönen des Sommers. Das Dunkelrosa ist die dunkelste Farbe auf dem Band, hat aber einen leicht warmen Ton.

I

II

III

IV

V

VI

VII

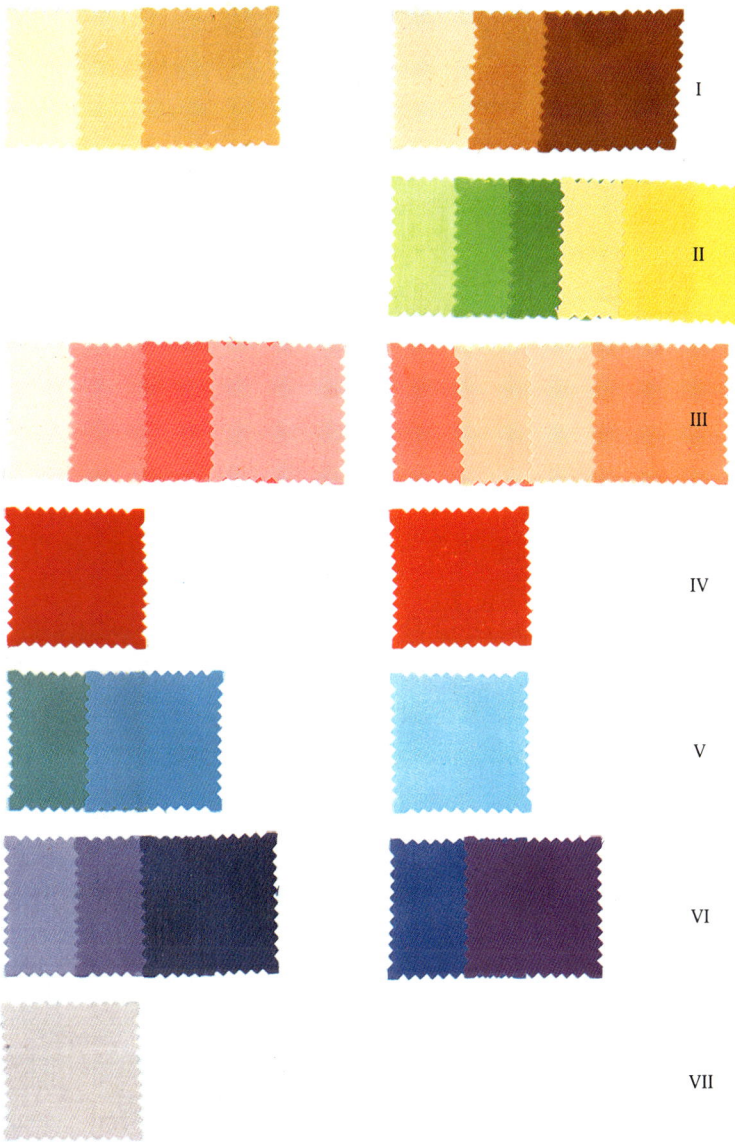

REIHE IV: Die Frühlingsfarbe Klatschmohn enthält Blau und Gold. Das Wassermelonenrot des Sommers hat einen Anklang von Koralle und wird oft als Orange des Sommers bezeichnet.

REIHE V: Das helle Petrolblau des Frühlings ist ein Blaugrün und daher eng mit dem Blaugrün des Sommers verwandt. Die hier eingeordneten Türkistöne haben keinen starken gelben Grundton.

REIHE VI: Alle Töne des Lapisblaus passen zu beiden Jahreszeiten und dürfen nicht ausgelassen werden. Das Rauch-Marineblau des Sommers und das helle Marineblau des Frühlings ähneln einander und sind nicht zu dunkel, um in das Farbband aufgenommen zu werden.

REIHE VII: Das Mittelgrau des Winters ist eine Farbe, die sich dem mittleren Band hervorragend beifügen läßt, da es nicht zu dunkel ist und nicht zuviel Blau enthält. Es ist eine wunderbare Fließfarbe für beide Jahreszeiten.

GEDÄMPFTE FARBEN

Sommer / Herbst

In der Tabelle der gedämpften Farbtöne von Sommer / Herbst sind die Farben vom dunkelsten Blau des Sommers auf der linken Seite bis zum tiefsten Gold des Herbstes angeordnet.

REIHE I: Betrachten Sie die Farbbänder, und beachten Sie dabei die Brauntöne. Die Brauntöne des Herbstes sind weder zu dunkel noch besonders golden. Sie ähneln stark dem Kakao- und dem Rosabraun des Sommers. Wollweiß und Cremeweiß sind eng miteinander verwandt; das Cremeweiß ist etwas dunkler. Die Herbstfarbe Mahagoni ist ein gedämpfter, bräunlichweinroter Ton und paßt zu vielen Farben des Sommerbandes. Wenn es weicher und gedämpfter wird, ist es eine bessere Fließfarbe.

REIHE III: Die Grüntöne des Herbstes sind weich, gedämpft und gehen ins Gräuliche. Sie haben eine fast pastellartige Qualität. Das Flaschengrün ist etwas dunkel, aber mit Grau abgetönt ist es eine gute Fließfarbe. Die blaugrünen Töne des Sommers sind die Sommerfarben, die das meiste Gelb enthalten.

I

II

III

IV

V

VI

REIHE IV: Die Herbst-
farbe Lachs hat einen
warmen Rosaton, genau
wie das Rosé des
Sommers. Pink und
Dunkelrosa sind weich
und gedämpft.

REIHE V: Das Zin-
noberrot des Herbstes
ist gedämpft, nicht zu
dunkel oder zu golden.
Das Wassermelonenrot
des Sommers hat einen
leichten Anklang von
Koralle und paßt sich
gut an, genau wie auf
der Karte von
Sommer / Frühling.

REIHE VI: Die lapis-
blauen Farbtöne sind
austauschbar wie auf
fast allen Karten. Das
Petrolblau des Herbstes
ist gedämpft und hat
einen blaugrünen Ton.
Je gedämpfter es ist,
desto besser eignet es
sich als Fließfarbe. Die
Türkistöne, die eben-
falls aufgeführt sind,
sind gedämpft und nicht
besonders golden. Nicht
nur die Weichheit der
Farben auf der Fließfar-
benkarte ist erstaunlich,
sondern auch die
Ähnlichkeiten in den
Farbbändern, speziell
wenn Sie den Grad der
Klarheit vergleichen.

Winter / Frühling

In der Tabelle der hellen
Farbtöne von
Winter / Frühling sind
die Farben vom dunkel-
sten Blau des Winters
auf der linken Seite zu
den hellsten und
goldensten Farben des
Frühlings auf der
rechten Seite ange-
ordnet. Beachten Sie das
Farbband in der Mitte!

REIHE I: Eierschale
und Graubeige (Taupe)
sind eng miteinander
verwandt. Da Eierschale
oft sehr golden ist, kann
es ausgesprochen gut
eingesetzt werden, um
das Cremeweiß des
Herbstes oder das Woll-
weiß des Sommers zu
ersetzen.

REIHE II: Das Hell-
und das Mittelgrau des
Winters sind echte
Farben, die nicht zu
dunkel sind und sehr gut
als neutrale Fließfarben
wirken. Das warme
Hellgrau ist klar genug,
um bei den Grautönen
des Winters mit einbe-
zogen zu werden.

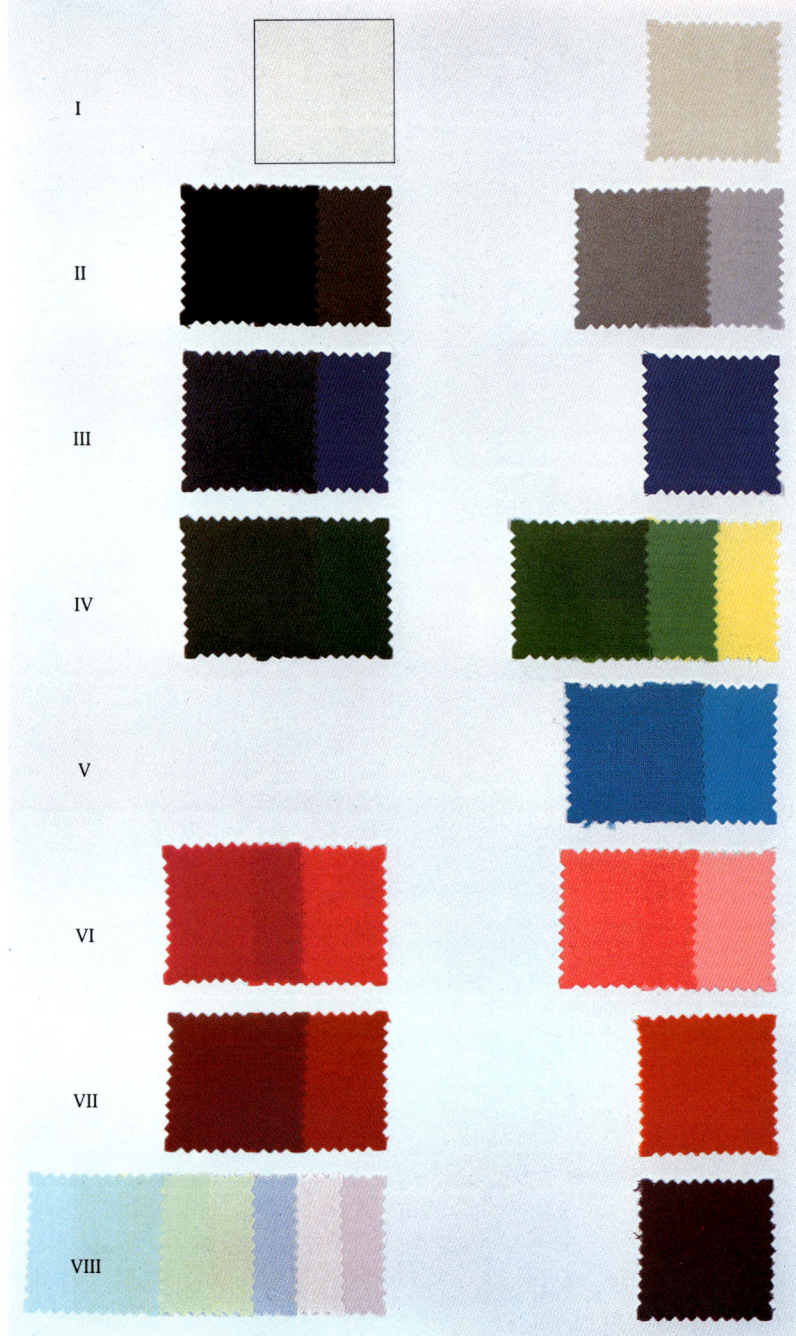

REIHE III: Die dunklen Blautöne beider Jahreszeiten sind eng miteinander verwandt, genau wie die Gelbtöne.

REIHE IV: Die dunklen Grüntöne passen zu dem Farbband, genau wie alle anderen dunklen Farben.

REIHE V: Das kräftige Türkisblau und das Lagunenblau des Winters enthalten beide etwas Gelb und passen gut zum intensiven Aquamarin des Frühlings.

REIHE VI: Die hellen, warmen Rosatöne des Frühlings sind hell genug, um mit aufgeführt zu werden. Das Shocking Pink und das kräftige dunkle Pink des Winters sind echte Rosatöne.

REIHEN VII und VIII: Die dunklen Rot- und Violettöne der beiden Paletten sind fast austauschbar.

Wie man Modefarben einsetzt, die nicht zur eigenen Palette gehören

In jeder Saison konzentrieren sich die Modeschöpfer auf bestimmte Farben und Farbkombinationen in ihren Kollektionen. Man kann diese Modefarben mit Erfolg tragen, auch wenn sie vielleicht nicht zur eigenen Palette oder Fließfarbenkarte gehören. Um dies effektvoll zu tun, muß die Farbe mit einer Farbe der Fließfarbenkarte kombiniert werden oder in einem Muster enthalten sein, das auch eine Farbe aus der Fließfarbenkarte enthält. Und was am wichtigsten ist: Diese Farbe muß Ihr beherrschendes Merkmal betonen.

Einige Farben werden von den großen Modeschöpfern entweder als Modefarben oder als klassische Farben bevorzugt. Die Modefarben ändern sich im allgemeinen von Saison zu Saison, während klassische Farben wie Marineblau und Grau jedes Jahr auftauchen. Es ist leicht, die klassischen Farben mit Farben aus Ihrer Fließfarbenkarte zu kombinieren und immer noch die für Sie richtigen Make-up-Farben zu tragen. Wenn Sie eine Modefarbe tragen, müssen Sie darauf achten, eine Kombination zu wählen, die durch das Make-up ergänzt werden kann.

Auf den folgenden Seiten werden Farbkombinationen vorgestellt, die zu jedem Typ aus jeder Jahreszeit passen.

OLIVGRÜN

Winter-Typen können es mit folgenden Farben tragen
(obere Reihe von links nach rechts):
kräftiges, dunkles Pink, helles Zyklam, dunkles Zyklam, kräftiges Türkisblau, kräftiges Blau, leuchtendes Weinrot und Dunkelrot.

Sommer-Typen können es mit folgenden Farben tragen
(mittlere Reihe von links nach rechts):
gedämpftes Lila, Orchidee, Lapisblau und Wassermelone.

Frühlings-Typen können es mit folgenden Farben tragen
(untere Reihe von links nach rechts):
Lachsrosa, Pfirsich, helles Petrolblau, zartes Aquamarin, Kornblumenblau und Sonnengelb.

BEIGE

Winter-Typen können es mit folgenden Farben tragen
(obere Reihe von links nach rechts):
Schwarz, Scharlachrot, Königsblau, dunkles Zyklam und Lila.

Sommer-Typen können es mit folgenden Farben tragen
(untere Reihe von links nach rechts):
Pflaumenblau, Malve, Weinrot, Pink, Pastellrosa, Vergißmeinnichtblau und Dunkelrosa.

PFIRSICH

Winter-Typen können es mit folgenden Farben tragen
(obere Reihe von links nach rechts):
leuchtendes Weinrot, helles Zyklam, kräftiges, dunkles Pink und Scharlachrot.

Sommer-Typen können es mit folgenden Farben tragen
(untere Reihe von links nach rechts):
Pink, Malve, Dunkelrosa und Wassermelone.

CAMEL

Winter-Typen können es mit folgenden Farben tragen
(obere Reihe von links nach rechts):
Lila, dunkles Zyklam, leuchtendes Weinrot, Tannengrün,
Schwarz, Anthrazit und Dunkelrot.

Sommer-Typen können es mit folgenden Farben tragen
(untere Reihe von links nach rechts):
Pastellrosa, Malve, Weinrot, Taubenblau, Lapisblau und Wassermelone.

BRAUN

Winter-Typen können es mit folgenden Farben tragen
(obere Reihe von links nach rechts):
Königsblau, Scharlachrot, Schneeweiß, Hellgrau, dunkles
Zyklam, helles Zyklam und kräftiges, dunkles Pink.

Sommer-Typen können es mit folgenden Farben tragen
(untere Reihe von links nach rechts):
Lapisblau, Himmelblau, Vergißmeinnichtblau, Malve, Orchidee
und Pastellaquamarin.

PINK

Herbst-Typen können es mit folgenden Farben tragen
(obere Reihe von links nach rechts):
Mahagoni, Rost, kräftiges Abricot und Lachs.

Frühlings-Typen können es mit folgenden Farben tragen
(untere Reihe von links nach rechts):
Orangerot, Klatschmohn, Lachsrosa und Koralle.

GRAU

Herbst-Typen können es mit folgenden Farben tragen
(obere Reihe von links nach rechts):
Tomatenrot, Petrolblau, Lachs, Camel, Gold und Terrakotta.

Frühlings-Typen können es mit folgenden Farben tragen
(untere Reihe von links nach rechts):
Pfirsich, Lachsrosa, zartes Aquamarin, Gelbbeige, Klatschmohn
und Kornblumenblau.

WEINROT

Herbst-Typen können es mit folgenden Farben tragen
(obere Reihe von links nach rechts):
Rost, Terrakotta, kräftiges Abricot und Tomatenrot.

Frühlings-Typen können es mit folgenden Farben tragen
(untere Reihe von links nach rechts):
warmes, kräftiges Rosa, Koralle, Hellorange, Lachsrosa und
Orangerot.

MARINEBLAU

Herbst-Typen können es mit folgenden Farben tragen
(obere Reihe von links nach rechts):
Mahagoni, Rost, Terrakotta, Tomatenrot und Gold.

Frühlings-Typen können es mit folgenden Farben tragen
(untere Reihe von links nach rechts):
Orangerot, Koralle, leuchtendes Gelbgrün und klares Goldgelb.

Die Macht der Farben

Träumen Sie in Schwarzweiß, oder sind Ihre Träume bunt? Wenn Sie in Farbe träumen: Können Sie sich noch an Ihren ersten farbigen Traum erinnern? Ich hatte meinen mit sieben Jahren – und weiß noch sehr gut, daß der wundervolle Blumengarten hinter unserem Haus darin vorkam. Vielleicht fällt er mir nur ein, weil ich anderen, was Farben betraf, voraus war, aber wahrscheinlich erinnere ich mich daran, weil dieser Traum so schön war.

Wir waren die erste Familie in unserer Siedlung, die einen Farbfernseher besaß. Viele Kinder «schneiten» oft herein, nur um bei uns fernzusehen, aber ich glaubte natürlich, daß sie kamen, weil ich so beliebt war. Die Wahrheit war, daß es viel mehr Spaß machte, Filme in Farbe zu sehen statt nur in Schwarzweiß.

Kinofilme haben die Menschen von Anfang an fasziniert, auch wenn sie nur in körnigem Schwarzweiß gedreht waren. Aber ihr Erfolg stieg gewaltig an, als die Farbe eingeführt wurde. Warum gab es in der Filmindustrie so eine ungeheure Steigerung, als man von Schwarzweiß zu Farbe überging? Die Filme wurden durch die Farbe im wörtlichen Sinn «zum Leben erweckt», weil Farbe eine dimensionale und emotionale Wirkung auf uns ausübt. Die Schauspieler, die vorher in Schwarzweiß nur vage Bilder auf unseren Schirmen waren, wurden durch die Einführung der Farbe zu täuschend lebendig wirkenden Menschen.

Farben üben eine tiefe Wirkung auf uns aus. Leatrice Eiseman erläutert in ihrem Buch *Alive With Colour* (Acropolis 1983): «Farben wecken Emotionen – schöne und weniger schöne. Man kann sich von einer phantastischen Farbe zu seinem Nachteil abwenden, weil man sie mit einer längst vergangenen Erfahrung in Verbindung bringt.»

Mit Menschen, die emotional gestört oder depressiv sind, werden oft «Farbtests» durchgeführt. Weil wir wenig Grund haben, unsere Reaktionen auf Farben zu verfälschen, eröffnet diese Technik Möglichkeiten, die Probleme von Menschen zu untersuchen, die nicht auf einer verbalen Ebene kommunizieren wollen oder es nicht können. Erinnern Sie sich an das, was ich bereits über nichtverbale Kommunikation gesagt habe; Sie werden erkennen, daß Farben ihre eigene, besondere Bedeutung und Wirkung haben.

Wenn Sie die Wahl hätten, sich entweder im richtigen Stil oder in der richtigen Farbe zu kleiden, welche Wahl würden Sie dann treffen? Der Stil hat größere Bedeutung, aber es ergibt eine synenergetische Wirkung, wenn man den besten Stil mit der besten Farbe kombiniert. Beides trägt, isoliert gesehen, zu Ihrem guten Erscheinungsbild bei, aber zusammen wird die Wirkung mehr als verdoppelt.

Sie haben Ihren Körpertyp analysiert und festgestellt, welcher Kleidungsstil der beste für Sie ist. Sie sind über die optische Analyse hinausgegangen, um Ihre Persönlichkeit mit einzubeziehen und Ihrer Garderobe so weitere Dimensionen hinzuzufügen. Die letzte Dimension – die Farbe – hat eine Schlüsselstellung, die oft unterschätzt wird.

Es ist jetzt an der Zeit, Ihre Farbgebung zu analysieren, damit Sie Ihre besten Farben festlegen und so Ihrem Stil die letzte Dimension hinzufügen können.

Warum war Carole Jacksons Buch *Color Me Beautiful* ein solch durchschlagender Erfolg? Wie ich schon erwähnt habe, hat Farbe eine tiefe psychologische Wirkung auf uns alle. Und jeder Mensch hat diese wunderbare Charaktereigenschaft, die wir als «Eitelkeit» bezeichnen. Sie bewirkt eine natürliche Neugier darauf, welche Farben am besten zu uns passen. Carole stellte einfache und für uns verständliche Farbregeln auf – über die Natur der Farbe und ihre richtige Verwendung und wie man sie auf unsere einzigartige, individuelle Farbgebung bezieht.

Wenn man Millionen von Menschen ein neues Thema verständlich machen will, ist es wichtig, eine einfache und logische Ausdrucksweise zu wählen, so daß man eine gute Grundlage erhält. Wenn man in der Schule den ersten Mathematikunterricht erhält, erklärt der Lehrer, daß es unmöglich ist, fünf von drei zu subtrahieren. Später, nach der Einführung der negativen Zahlen, lernt man, daß man «minus zwei» erhält, wenn man fünf von drei abzieht. Das heißt nicht, daß die erste Information falsch war. Es bedeutet nur, daß wir unser Wissen ausbauen und erweitern müssen, um auch in der Zukunft erfolgreich und zufrieden zu sein.

Wir wollen also unsere ersten Informationen, die wir über Farben erhalten haben, erweitern und Ihre Persönlichkeit mit einbeziehen, so daß Sie nun Farben verwenden können, um Ihren eigenen, klaren, individuellen Stil auszudrücken.

FRAGE: *Ich bin seit Jahren in der Modebranche tätig und habe ein «angeborenes» Gespür für Stil und Farbe. Sind Regeln für Farben und Stil wirklich notwendig?*

ANTWORT: Aufgrund Ihrer natürlichen Fähigkeiten können Sie sich zu den Glücklichen zählen. Die meisten Menschen haben dieses Gespür nicht. Für diese Menschen ist es wichtig zu verstehen, worauf sie achten müssen, wenn sie Kleidung kaufen, so daß sie Gleichgewicht und Harmonie erreichen. Aber selbst für diejenigen, die diese natürliche Fähigkeit haben, ist es aufregend herauszufinden, warum diese angeborene Fähigkeit funktioniert. Ich wette, daß auch Sie manchmal ein Stück wählen, das doch nicht hundertprozentig zu Ihnen paßt. Wenn Sie die Regeln verstehen, können Sie Ihr Auge noch verfeinern.

FARBMERKMALE: DER UNTERSCHIED ZWISCHEN BLAU UND GOLD

Bevor wir uns mit den Farben beschäftigen und damit, wie sie zu Ihnen persönlich in Beziehung stehen, ist es wichtig, über die Merkmale von Farben zu sprechen. Wir können uns dann eine Grundlage für den Vergleich zwischen Farben schaffen und feststellen, wie man sie am wirkungsvollsten einsetzt. Farben werden oft in verschiedene Gruppen eingeordnet, um ihre Merkmale so besser untersuchen zu können. Am häufigsten werden Farben nach ihren Grundtönen eingeteilt. Jede Farbe hat einen blauen oder goldenen Grundton. Denken Sie einmal an den Unterschied zwischen einem Blaurot und einem Orangerot oder einem Blaugrün und einem Gelbgrün. Seit der Entwicklung des saisonalen Farbsystems werden Farben allgemein in vier getrennte Paletten aufgeteilt, die den vier Jahreszeiten entsprechen. Die Farben sind jedoch in bezug auf ihren Grundton immer noch miteinander verwandt.

Die Winterfarben basieren auf Blau; sie sind leuchtend, klar, lebhaft, dunkel und erinnern oft an Edelsteine. (Einige helle, klare Eisfarben werden oft dazugezählt. Wenn sie zusammen mit den tiefen Farben eingesetzt werden, verstärken die Eisfarben die Tiefe und den Kontrast der Winterfarben.) Die Sommerfarben basieren ebenfalls auf Blau, aber es sind weiche, gedämpfte Mischtöne, die oft als Pastelltöne bezeichnet werden.

Die Herbstfarben basieren auf Gold und sind dunkel, satt und gedämpft. Sie werden oft als erdig beschrieben. Die Farben des Frühlings basieren ebenfalls auf Gold, sind aber hell, klar, zart und leuchtend.

Sehen Sie sich die verschiedenen Paletten einmal an – Winter, Sommer, Herbst und Frühling –, und achten Sie sowohl auf die Unterschiede als auch auf die Ähnlichkeiten. Den Winter- und den Sommerfarben ist eine Blaugrundlage gemeinsam, während Herbst und Frühling auf Gold basieren. Beachten Sie auch, daß die Farben des Herbstes und des Winters dunkler und kräftiger sind als die Farben des Sommers und des Frühlings.

Die Sommer- und die Herbstfarben sind auch noch auf eine feinere Art miteinander verwandt, genau wie die Töne des Winters und des Frühlings. Winter- und Frühlingsfarben sind hell und klar, jene von Sommer und Herbst dagegen weich und gedämpft.

DIE DREI FACETTEN DER FARBE

Auf jeder Palette gibt es drei klar zu unterscheidende Merkmale: Unterton, Intensität und Klarheit. Der Unterton einer Farbe ist sein Grundton, also entweder Blau oder Gold. Sie können den Unterschied bei fast allen Farben feststellen; vergleichen Sie Blaugrün mit Gelbgrün, Blaurot mit Orangerot und Königsblau mit Petrolblau. Einige Farben werden als echte Farben bezeichnet. Echte Farben haben den gleichen Anteil von Blau und Gold. Vergleichen Sie Blaurot mit Scharlachrot (dem echten Rot) und Orangerot. Sie werden die Veränderung vom blauen zum goldenen Unterton hin feststellen.

Die Intensität der Farbe bezieht sich darauf, wie dunkel oder hell sie ist. Wenn sie Weiß zu Rot geben, erhalten Sie Rosa, und wenn Sie Schwarz hinzufügen, entsteht Kastanienbraun. Beide, Rosa und Kastanienbraun, sind Rottöne von unterschiedlicher Intensität. Manchmal ist es einfacher, sich eine Skala vorzustellen, die von Schwarz nach Weiß geht und zehn Graustufungen dazwischen hat. Jede Abstufung hat dann eine andere Intensität.

Die Klarheit von Farben ist oft das am schwersten erkennbare Merkmal. Die Klarheit einer Farbe wird dadurch definiert, wie leuchtend oder gedämpft sie ist. Um eine Farbe weicher erscheinen zu lassen, gibt man Grau dazu. Sie wirkt dann gedämpfter, wie «mit Grau abgetönt». Es gibt rund 14 mögliche Abstufungen, wenn man die Klarheit von Farben bei unterschiedlichem Intensitätsniveau betrachtet. Einige Farben leuchten weniger als andere. Die Farbe Rot kann stärker leuchten als die Farbe Blaugrün. Jede Farbe hat ihre eigene Skala, was die Klarheit betrifft. Man muß daran denken, daß einige Farben leuchten, andere dagegen weich und gedämpft sind; der Grad der Leuchtkraft oder der Gedämpftheit ist für unseren Zweck nicht wichtig.

Um die Beziehung zwischen allen Farben klar zu sehen und damit auch die Beziehung zu Ihrer Persönlichkeit, ist es leichter, sich nacheinander mit den Merkmalen zu beschäftigen. Ich werde mit der Beziehung zwischen den Farben beginnen, die denselben Unterton haben. Die Herbst- und die Frühlingstöne, die auf Gold basieren, werden als «warme» Farben bezeichnet. Sehen Sie sich die Fließfarbenkarte von Herbst/Frühling an. Die Farben sind von der dunkelsten und gedämpftesten Herbstfarbe bis hin zur hellsten und klarsten Frühlingsfarbe angeordnet.

Der Verlauf von einer Farbe an einem Ende der Karte zu der Farbe am anderen Ende ist gleichmäßig. Beachten Sie besonders die Farben auf dem Mittelband, die sich sehr ähnlich sind.

Die «kühlen» Farben des Winters und des Sommers haben einen blauen Grundton. In der Fließfarbenkarte von Winter/Sommer sind die Farben von der dunkelsten, leuchtendsten und lebhaftesten Winterfarbe zur gedämpftesten Sommerfarbe hin angeordnet. Die Farben auf dem mittleren Band sind eng miteinander verwandt. Beachten Sie die graduelle Abstufung von den dunklen zu den hellen Farben mit demselben Unterton.

Beachten Sie, daß es auf den Fließfarbenkarten der warmen und kühlen Farben keine offensichtliche Grenzlinie gibt, an der eine Jahreszeit endet und die andere beginnt. Es ist eher ein abgestufter Verlauf und ein fließender Übergang von einer Jahreszeit zur nächsten. Wenn wir die anderen Merkmale betrachten, wird dasselbe Phänomen sichtbar.

WENN MAN BEI ROT ROT SIEHT

Ich bin immer wieder völlig überrascht, wenn Frauen voller Überzeugung sagen, daß sie Rot nicht tragen können. Es gibt so viele Rottöne von unterschiedlicher Intensität, daß es eine unsinnige Behauptung ist, wenn man nicht genauer bestimmt, welches Rot man meint. Der Farbexperte Albert Munsell bemerkte bei seiner Untersuchung von Farbmerkmalen, daß die Intensität einer Farbe ihr beherrschendes Merkmal ist – die Eigenschaft, die zuerst bemerkt wird. Bei unserer weiteren Untersuchung ist es daher wichtig, die Farben zu betrachten, die durch ihre Intensität miteinander verwandt sind.

Die Fließfarbenkarte von Winter/Herbst enthält dunkle, satte Farben, die vom leuchtendsten und «blausten» Farbton des Winters bis hin zum gedämpftesten und goldensten Farbton des Herbstes angeordnet sind. Die Herbst- und die Winterfarben sind von ihrer Intensität her dunkel. Die Farben auf dem mittleren Band enthalten fast die gleichen Mengen Gold und Blau und können weder als sehr blau noch als sehr golden beschrieben werden.

Insgesamt gesehen enthält die Fließfarbenkarte von Sommer/Frühling helle Farben im Vergleich zur Karte von Winter/Herbst. Die Farben sind vom blausten und gedämpftesten Farbton des Sommers bis zum goldensten und klarsten des Frühlings angeordnet. Beachten Sie, daß die Farben auf dem mittleren Band so eng miteinander verwandt sind, daß sie fast austauschbar sind.

Das dritte Merkmal von Farben darf man nicht ignorieren, auch wenn es weniger offensichtlich ist als Unterton oder Intensität. Der Grad der Klarheit einer Farbe hat eine enorme Wirkung. Betrachten Sie einmal den Unterschied zwischen einem leuchtenden, hellen Zyklam und einem gedämpften Rosa. Wenn Sie das helle Zyklam mit Grau abtönen, wirkt es weicher und ähnelt mehr dem gedämpften Rosa. Die Beliebtheit von «Neon»-Farben in der aktuellen Mode verkörpert genau diese Klarheit der Farbe.

Es ist wichtig, die Farben zu vergleichen, die hinsichtlich ihrer Klarheit miteinander verwandt sind. Die Sommer- und die Herbstpaletten enthalten beide gedämpfte Farben. Die Fließfarbenkarte von Sommer/Herbst ist vom stärksten Blau des Sommers bis zum stärksten Gold des Herbstes angeordnet. Das Mittelband enthält Farben, die eng miteinander verwandt sind.

Die letzte Fließfarbenkarte enthält leuchtende Farben. Es ist interessant, diese mit den gedämpften Farben von Sommer und Herbst zu vergleichen. Die fließenden Farben von Winter/Frühling sind vom tiefsten und blaustet Farbton des Winters bis hin zum hellsten und goldensten Ton des Frühlings angeordnet. Beachten Sie die echten Farben auf dem Mittelband, das Farben enthält, die weder zu dunkel noch zu hell sind!

Es ist faszinierend, die Karten mit den Farbabstufungen einmal genau zu betrachten. Dabei entdecken Sie, daß alle Farben miteinander verwandt sind und ineinander übergehen. Intensität, Klarheit und Unterton der Farben verändern sich innerhalb einer Jahreszeit oder von einer Jahreszeit zur nächsten nicht drastisch. Zusätzlich zu der fließenden Bewegung von einer Jahreszeit zur nächsten haben einige Farben Merkmale, durch die sie in mehreren Bändern und Fließfarbenkarten auftreten können. Es handelt sich um das helle Petrolblau des Frühlings, die lapisblauen Töne, das warme, kräftige Rosa des Frühlings, das Wollweiß des Sommers, das Hellgrau des Winters und das Rosé des Sommers.

Bei der Frage, welcher Stil am besten zu Ihnen paßt, haben wir die Merkmale der Kleidung betrachtet, die den Merkmalen Ihres Körpers entsprechen, nämlich Linie und Maßstab. Um zu entscheiden, welche Farben Ihre Persönlichkeit am besten ergänzen, müssen wir genauso vorgehen. Wir haben uns mit Unterton, Intensität und Klarheit der Farben befaßt und müssen jetzt dieselben Merkmale in Ihrer Farbgebung betrachten.

Gibt es eine Jahreszeit für Sie?

Die meisten von uns können sich an bestimmte Farben aus der Kindheit erinnern – Farben, in denen wir uns wohl fühlten und die wir gerne trugen. Solange ich mich erinnern kann, kleidete meine Mutter meine Schwester und mich zu Ostern in marineblaue Mäntel mit kleinen weißen Kragen, schwarze Lackschuhe und weiße, bretonische Matrosenhüte. Ich muß meiner Mutter für ihren Geschmack und ihre ständige Hingabe, ihre Töchter wie auf Modefotos zu kleiden, heute ein Kompliment machen, aber damals war ich sehr erleichtert, als ich schließlich zu alt war, um dieses «Osterkostüm» zu tragen.

Ich habe mich in diesem marineblauen Mantel nie sehr wohl gefühlt. Das erste Osterfest, an dem ich meine eigene Ausstattung wählen durfte, war furchtbar aufregend für mich. Ich wählte einen beige- und kakaofarbenen Tweedmantel, einen beigefarbenen Hut, dunkle Schuhe und eine passende Handtasche. Damals war ich der Meinung, daß ich mich in dieser Ausstattung so großartig fühlte, weil ich sie ausgewählt hatte und nicht meine Mutter. Aber leider lernte ich nicht sehr schnell. Ich erkannte zwar, daß ich mich in meinen braunen und beigefarbenen Farbtönen immer wohl fühlte, trotzdem kaufte ich jedes Frühjahr etwas in Marineblau, weil meine Freundinnen so hübsch in ihren frischen marineblauen, weißen und roten Kleidern aussahen.

Nachdem ich jahrelang das Gefühl hatte, daß ich jedesmal müde war oder «krank wurde», wenn ich ein marineblaues Kleidungsstück trug, beschloß ich schließlich, die Farbe aufzugeben. Langsam entwickelte ich eine kleine Liste meiner guten und schlechten Farben. Vor fünf Jahren schließlich ließ ich eine erste Farbanalyse in London vornehmen und verstand endlich, warum bestimmte Farben mich besser kleideten als andere. Plötzlich wurde mir klar, daß die Farben, die dieselben Merkmale hatten

wie meine Farbgebung, mir gut stehen würden, weil sie Gleichgewicht und Harmonie schufen, wenn ich sie trug. Diese Farben
waren eine natürliche Erweiterung meiner Persönlichkeit und
meiner Farbgebung.

Farben, die nicht dieselben oder ähnliche Merkmale wie
meine Farbgebung haben, sind unvereinbar mit mir und sehen
daher aus, als ob sie nicht zu mir gehörten. Wenn eine Farbe
nicht zur eigenen Farbgebung paßt, erzeugt der Zusammenprall
Schatten, so daß Linien und Falten im Gesicht sichtbar werden.
Eine Trennungslinie zwischen der Farbe und der Trägerin ist ein
weiteres unglückliches Ergebnis. Das gleiche geschieht, wenn
Sie ein Kleidungsstück tragen, das nicht in Einklang mit Ihrer
Körperlinie ist. Es schien alles so einfach und logisch, und ich
war verärgert, daß ich all dies nicht schon vor Jahren für mich
selbst hatte herausfinden können.

DAS KONZEPT VON
COLOR ME BEAUTIFUL

Carole Jackson hat in ihrem Bestseller *Color Me Beautiful* Millionen von Menschen das Wissen vermittelt, auf logische Weise die
Kleiderfarben zu identifizieren, die ihre natürliche Farbgebung
ergänzen. Sie beschreibt die Beziehung zwischen den jahreszeitlichen Farben und der Farbgebung des einzelnen wie folgt: Die
Herbstfarben sind dunkel, satt, erdig und gedämpft. Der
Herbst-Typ hat eine Farbgebung, die durch die goldenen Untertöne der Farben der Blätter an den Bäumen an einem frischen
Herbsttag unterstrichen wird. Die Frühlingsfarben sind leuchtend, klar und zart. Der Frühlings-Typ hat eine Farbgebung, die
durch die warmen pfirsichfarbenen und gelben Untertöne von
Osterglocken, Krokussen und den ersten Grashalmen im Frühling ergänzt wird. Die Winterfarben besieren auf Blautönen, sie
sind leuchtend, klar und anregend. Der Winter-Typ glänzt in
lebhaften Primärfarben und kühlen Farben, die wie die glitzern-
den Schneeflocken auf einem eisigen Bergabhang wirken. Die
Sommerfarben sind weiche, vage und gedämpfte Mischfarben.
Der Sommer-Typ erstrahlt in den Pastelltönen und den weichen
Tönen des Meeres und des Himmels an einem dunstigen Som-
mertag.

Das jahreszeitliche Farbsystem

Dieses Farbsystem basiert auf den vier Jahreszeiten — Sommer, Herbst, Winter, Frühling — und beschreibt die Farbbereiche (oder -paletten), die am besten zu Ihnen passen.

Jede Frau kann ihre Farbgebung mit einer jahreszeitlichen Palette beschreiben: der Wintertyp sieht am besten in kühlen Farben mit starkem Kontrast aus; die Farbgebung des Sommertyps wird am besten durch die kühlen, sanften Farben des Sommers ergänzt; die Herbstfrau sieht am besten in satten, warmen Farben und gedämpften, erdigen Tönen aus; die Farben des Frühlingstyps sind warm und frisch.

In den jahreszeitlichen Paletten sind die Farben nach ihrem Unterton, ihrer Tiefe und Klarheit angeordnet. Die Farben des Winters basieren auf Blau, sie sind dunkel und leuchtend. Auch die Farben des Sommers haben Blau als Grundlage, aber sie sind heller und gedämpfter. Der Unterton der Herbstfarben ist Gold; sie sind dunkel und gedämpft, während die auf Gold basierenden Farben des Frühlings heller und leuchtender sind.

In allen Fällen werden drei Merkmale beschrieben — Unterton, Tiefe und Klarheit.

Wenn man den Unterton, die Tiefe und Klarheit des Hauttons, der Haar- und Augenfarbe betrachtet, kann man die saisonale Palette finden, die die Farbgebung jeder einzelnen am besten beschreibt. In der Vergangenheit gehörten zu einer «Jahreszeit» jeweils dreißig Farben. Nachdem ich vier Jahre lang Untersuchungen angestellt, Tausende von Menschen aus Japan, Singapur, Australien, Nordamerika und vielen europäischen Ländern analysiert und mit Hautärzten und Kosmetiklaboratorien gearbeitet hatte, fand ich heraus, daß es in den Paletten einige Farben gibt, die zu dem jeweiligen Typ nicht unbedingt gut passen. Dafür gibt es Farben in den anderen Paletten, die sich ausgezeichnet eignen. Es ist daher unbedingt notwendig, Farben aus einer zweiten Palette hinzuzufügen, um die eigene Palette zu ergänzen.

Als erstes muß man die Palette finden, die die größte Anzahl von ergänzenden Farben enthält. Dann wird Ihre Palette vervollständigt, indem wir das jahreszeitliche Farbsystem erweitern. Wir wollen uns in jeder Jahreszeit mit grundlegenden Merkmalen beschäftigen. Ich habe die neuesten Untersuchungsergebnisse bei den einzelnen Beschreibungen mit einbezogen. Sie bestätigen die Notwendigkeit, die vier Paletten zu erweitern, und erklären die Logik, auf die ich mich stütze.

WINTER

TEINT: Die Haut der Winterfrauen hat einen vorherrschenden blauen Unterton, obwohl dieser oft zart und schwer feststellbar ist. Viele Wintertypen haben einen grauen oder beigefarbenen Hautton, dessen Schattierung von Hell bis Dunkel reicht und meistens keinen sichtbaren Rosaton hat. Viele Menschen mit olivfarbener Haut sind Wintertypen. Winterfrauen können auch einen «warmen» Ton in ihrer Haut haben, zum Beispiel Sommersprossen oder ein echtes Beige. Dieser «warme» Ton ist kein hervorstechendes Merkmal, aber oft sichtbar.

Viele Wintertypen sind blaß, ihre Haut scheint fast gelblich. Sie glauben daher fälschlicherweise, zu einer anderen Jahreszeit zu gehören. Verwechseln Sie diese Blässe nicht mit einem goldenen Hautton! Wenn diese Frauen goldene Farben tragen, wird die Blässe ihres Teints noch erhöht, während die kühlen Winterfarben dafür sorgen, daß sie verschwindet. Ein Wintertyp kann auch einen extrem weißen Hautton und dunkles Haar haben. Der weiße Hautton hat möglicherweise eine sichtbare rosige Tönung, aber häufiger ist dies nicht der Fall. Winterfrauen haben im allgemeinen keine rosigen Wangen.

HAAR: Wintertypen haben häufig mittel- bis dunkelbraunes oder schwarzes Haar, das oft glänzt. Die Winterfrau ergraut meistens auf dramatische Weise; ihr Haar ist dann entweder graumeliert oder stahlweiß. Das Haar von Wintertypen hat meistens einen Aschton, obwohl es manchmal auch rote Glanzlichter aufweist, die in der Sonne sichtbar werden (dies ist nicht der metallische Rotton, den man von den Herbsttypen her kennt). Es deutet jedoch auf einen warmen Unterton hin. Alle Haarfarben haben irgendwann einmal einen leichten Rotton. Das Rot ist genaugenommen ein warmes Rot. Bei den Wintertypen ist es sehr zart.

AUGENFARBE: Die Augenfarbe der Wintertypen kann schwarzbraun, rotbraun, grün, blau oder haselnußbraun sein. Sie ist sehr oft dunkel. Unabhängig von der Farbe hat das Auge in der Iris einen Grau- oder Aschton. Haselnußbraune oder braune Augen haben manchmal einen warmen Schimmer.
Im allgemeinen besteht bei den Wintertypen ein starker Kontrast zwischen dem Weiß der Augen und der Iris. Dieser Hinweis ist besonders hilfreich, wenn man entscheidet, ob es sich um einen Winter- oder einen Sommertyp handelt, da das Weiß des Auges beim Sommertyp meistens viel weicher ist und weniger Kontrast zur Iris bildet.

Hinweis: Die neuesten Untersuchungsergebnisse weisen darauf hin, daß die Winterfrau einen leicht «warmen» Ton aufweist, entweder bei der Haar- oder Augenfarbe oder im Hautton. Dieses warme Element ist jedoch nicht sehr deutlich. Der Gesamteindruck ist kühl, dunkel und leuchtend.

Kreuzen Sie die Merkmale an, die auf Ihre Haut-, Haar- und Augenfarbe zutreffen:

Teint:	*Haar:*	*Augenfarbe:*
___ sehr weiß	___ blauschwarz	___ dunkles Rotbraun
___ weiß, leicht rosa angehaucht	___ dunkelbraun (kann rote Glanzlichter haben)	___ braunschwarz
___ beige (keine Wangenfarbe, kann blaßgelblich sein)	___ mittleres Aschbraun	___ haselnußbraun (braun mit Blau oder Grün)
___ grau, beige oder braun	___ mittelbraun	___ graublau
___ rosabeige	___ graumeliert	___ blau mit weiß-gesprenkelter Iris (kann einen grauen Rand haben)
___ olivfarben	___ silbergrau	
___ schwarz	___ weiß	___ dunkelblau, violett
___ (blauer Unterton)	___ kastanienbraun	___ graugrün
___ (blaß)		___ grün mit weiß-gesprenkelter Iris (kann einen grauen Rand haben)

TYPISCHE WINTERFARBEN: Winterfarben sind dunkel, lebhaft und basieren auf Blau. Vermeiden Sie alle Farben mit starkem goldenem Unterton wie Orange, Pfirsich, Gold, Gelbgrün, Orangerot und honiggoldene Farbtöne. Es gibt in der Winterpalette einige echte Farben, die im Unterton dasselbe Verhältnis zwischen warmen und kühlen Anteilen aufweisen. Sie passen ausgezeichnet zu einigen Wintertypen. Wenn Sie Braun tragen wollen, sollten Sie ein Dunkelbraun wählen, das dunkel genug ist, um es mit schwarzen Schuhen und einem schwarzen Gürtel tragen zu können. Vermeiden Sie Pastelltöne und alle sanften, gedämpften Farben. Hellere Farben werden der Winterpalette hinzugefügt, um einen Kontrast zu schaffen, wenn sie mit den dunkleren Farben zusammen verwendet werden. Dunkelhäutige Wintertypen werden wahrscheinlich feststellen, daß Graubeige (Taupe) und die hellen und mittleren Grautöne am besten aussehen, wenn sie in Gesichtsnähe mit anderen, leuchtenderen Farben getragen werden. Man muß verstehen, welche Winterfarben am besten zur eigenen Persönlichkeit passen.

Weiß Die Winterfrau ist der einzige saisonale Typ, der Schneeweiß tragen kann. Sie werden in einer weißen Bluse oder einem weißen T-Shirt nie langweilig aussehen! Sie können auch das Wollweiß tragen, das dem Sommertyp so gut steht (aber kein Eierschale oder Cremeweiß). Allerdings wirkt das leuchtende Weiß an Ihnen am eindrucksvollsten.

Schwarz Wintertypen können Schwarz am erfolgreichsten tragen, da ein kontrastreiches Aussehen zu ihnen besser als zu jeder anderen Jahreszeit paßt. Zu einigen Winterfrauen paßt Anthrazit besser, da Schwarz zu schwer für sie ist.

Grau Ihre Grautöne reichen von Anthrazit bis zu Eisgrau. Am besten paßt Mittelgrau, das weder gelblich noch blau ist. Viele Winterfrauen — besonders jene, deren Haar ergraut ist — können ihrer Palette blaugraue Farbtöne hinzufügen.

Taupe (Graubeige) Ihr Beige hat keinen honiggoldenen Ton, es ist ein Graubeige. Wenn Sie es in Gesichtsnähe tragen, muß es hell und klar sein. Bei Accessoires können Sie einen dunkleren Ton wählen. Im allgemeinen ist Beige eine schwierige Farbe für

Winterfrauen, es sei denn, es werde mit einer anderen, kontrastierenden Farbe getragen.

Blau   Marineblau paßt wunderbar zu Ihnen. Sie können alle marineblauen Töne in Gesichtsnähe tragen. Ihre anderen Blautöne sind das kräftige Blau, Königsblau, Lagunenblau und Türkis — alle dunkel oder leuchtend. Die meisten Wintertypen können auch Lapisblau tragen.

Rot   Die Rottöne des Wintertyps sind echte Rottöne oder blaurote Farbtöne, einschließlich Weinrot. Ihr Weinrot muß klar, deutlich und leuchtend sein. Einige Winterfrauen können auch ein gedämpftes Weinrot oder eines mit bräunlichem Ton tragen. Viele Winterfrauen sehen besser in ihren echten Rottönen aus und müssen aufpassen, daß sie kein dunkles Weinrot wählen.

Grün   Ihre Grüntöne reichen von Intensiv- über Smaragd- bis zu Tannengrün. Das Tannengrün ähnelt dem Flaschengrün des Herbstes, aber es geht ins Bläuliche statt ins Gelbliche. Sie erkennen diesen Unterschied, wenn Sie die beiden Farben nebeneinander vergleichen.

Gelb   Sie können nur ein klares Zitronengelb tragen, kein Gold. Einige Wintertypen können das leuchtende Gold des Herbstes tragen, besonders dann, wenn es mit Schwarz, Anthrazit oder Marineblau gemischt wird.

Rosa- und Lilatöne   Die Rosa- und Lilatöne des Winters sind dunkel. Das Shocking Pink und das kräftige, dunkle Pink sind weniger konservativ; das helle und dunkle Zyklam kann für einige Wintertypen nicht dunkel genug sein.

SOMMER

TEINT: Sommertypen haben oft einen sichtbaren Rosaton in ihrer Haut, und es ist leicht, den blauen Unterton festzustellen. Einige Sommertypen sind sehr hell und blaß. An den hellsten Stellen ihres Körpers kann man unter der Haut kleine rosafarbene Ringe erkennen. Der Hautton anderer Sommertypen ist rosabeige oder blaßbeige, so daß der blaue Unterton nicht so stark sichtbar ist. Eine blasse Sommerfrau kann ihre Erscheinung stark verbessern, wenn sie ihre kühlen Farben trägt. Einige Sommerfrauen haben einen warmen Unterton. Dieser läßt sich an ihrem hellen beigefarbenen Hautton oder an Sommersprossen auf ihrem Gesicht ablesen. Das rosige Aussehen ist vorherrschend. Zusätzlich ist ein kühles, pudriges Aussehen erkennbar.

HAAR: Als Kind ist der Sommertyp oft blond, die Haarfarbe reicht von Weißblond über Goldblond bis zu Aschblond. In der Pubertät wird das Haar dunkler; es kann zu einem hellen Aschbraun werden. Das Haar blonder Sommerfrauen bleicht in der Sonne schnell aus; sie haben im Winter oft braunes und im Sommer blondes Haar. Das Haar brünetter Sommerfrauen hat einen Aschton, der von sehr hellem zu dunklem Braun reicht. Das Haar der Sommerfrau ergraut langsam zu einem graumelierten Ton; es kann auch blaugrau oder perlweiß werden. Das Grau der Sommerfrau ist eine kühle Farbe, die ihr ein vornehmes Aussehen verleiht.

AUGENFARBE: Die Augen des Sommertyps sind meistens blau, grün, grau oder haselnußbraun; der Blick ist oft «wolkig verhangen». Das Haselnußbraun ist sanft. Um die Pupille herum befindet sich ein graubrauner «Reifen», dessen Ränder in ein Blau oder Grün übergehen. Die Iris hat bei blauen oder grünen Augen durchweg eine weiße Struktur, die den Anschein von zerbrochenem Glas erweckt. Einige Sommerfrauen haben rosigbraune oder graubraune Augen. Dieses Merkmal findet man häufig bei Schwarzen oder bei Asiatinnen. Braune Augen sind beim Sommertyp selten. Das Weiß in den Augen der Sommerfrau ist ein Cremeweiß und bildet einen weichen Kontrast zur Iris, im Gegensatz zum Wintertyp, dessen Augen einen deutlichen Kontrast haben.

Hinweis: Die neuesten Untersuchungsergebnisse weisen darauf hin, daß sogar der Sommertyp einige «warme» Elemente in seiner Farbgebung hat. Das kühle, rosige und weiche Aussehen herrscht jedoch vor. Gelegentlich kann man ein paar warme Sommersprossen sehen. Nur sehr wenige Menschen sind echte

Sommertypen. Ihr Gesamteindruck ist kühl, hell oder gedämpft. Es ist wichtig zu verstehen, welche Merkmale Ihre Sommerfarbgebung am besten beschreiben.

Kreuzen Sie die Merkmale an, die auf Ihre Haut-, Haar- und Augenfarbe zutreffen:

Teint:	Haar:	Augenfarbe:
—— hellbeige, Wangen zartrosa überhaucht	—— weißblond	—— blau (weiße Struktur in der Iris, leicht verhangener Blick)
—— beige ohne Wangenfarbe (blaßgelblich)	—— aschblond	—— grün (weiße Struktur in der Iris, leicht verhangener Blick)
—— rosiges Pink	—— goldblond	
—— kräftiger Rosaton	—— warmes Aschblond (leicht golden)	—— weiches Graublau
—— graubraun	—— dunkelaschblond	—— weiches Graugrün
—— rosigbraun	—— aschbraun	—— leuchtendes, klares Blau
	—— dunkelbraun (graubeiger Ton)	—— helles, klares Aquamarin (die Augenfarbe wechselt je nach Kleidung von Blau zu Grün)
	—— braun mit leicht rötlichem Schimmer	
	—— blaugrau	—— haselnußbraun (sanftes Braun mit Blau oder Grün)
	—— perlweiß	—— blaßgrau
		—— rosiges Braun
		—— graubraun

TYPISCHE SOMMERFARBEN. Die Sommerfarben sind hell und gedämpft und basieren auf Blau. Die Erscheinung der Sommerfrau wird durch weiche Kontraste und Farbkombinationen vorteilhaft zur Geltung gebracht. Helle Sommertypen mit blondem oder hellem Haar sollten die dunkelsten Farben wie Weinrot, dunkles Blaugrün und Kirschrot mit Vorsicht verwenden: In Gesichtsnähe können diese dunklen Farben bei großflächiger Verwendung zu stark sein.

Wollweiß   Das Weiß, das Ihnen am meisten schmeichelt, ist weich, aber nicht gelb. Es enthält weniger «Blau» als das Schneeweiß des Winters.

Rosabeige und Braun   Ihr Beige muß immer einen rosafarbenen Ton haben, keinen Eierschalen- oder Gelbton. Sie können mittel- bis dunkelbraune Töne tragen, solange auch sie rosafarben abgetönt sind. Ihre Brauntöne schmeicheln Ihnen besonders dann, wenn sie gedämpft sind (gräulich).

Graublau   Sommertypen können alle graublauen Farbtöne von Hell bis Dunkel tragen; sie sollten aber bei echten oder gelblichen Grautönen Vorsicht walten lassen. Grautöne, die überhaupt kein Blau enthalten, können an einigen Sommerfrauen gut aussehen.

Blau   Ihr Marineblau ist gräulich und schmeichelt Ihnen mehr als ein leuchtendes oder schwarzes Marineblau. Sie können fast alle anderen Blautöne tragen: hell, mittel oder dunkel, aber nicht die stark leuchtenden oder königsblauen Farbtöne des Winters. Ihre blauen Farbtöne können klar oder gedämpft sein, die helleren Blautöne enthalten viel Grau. Sie können auch Lapisblau tragen, ein Blau, das Violett enthält.

Grün   Alle Ihre Grüntöne sind blaugrün; sie reichen vom hellen Pastellgrün zum mittleren Blaugrün und dunklen Blaugrün. Die Grüntöne sehen besonders schön an Sommerfrauen mit braunen oder haselnußbraunen Augen aus.

Gelb   Das Gelb des Sommers ist ein helles Zitronengelb. Vermeiden Sie Gelbtöne, die golden sind. Einige Sommerfrauen können ein Hellbeige oder Bananengelb sehr gut tragen.

Rosa   Ihre Rosatöne basieren auf Blau, sie reichen von hellen und mittleren Schattierungen bis zu Dunkelrosa und Zyklam. Obwohl Sie leuchtende Pinktöne tragen können, sollten Sie nicht die intensiven, klaren und leuchtenden Töne der Winterpalette kaufen. Warme Rosatöne sehen oft gut an Sommertypen mit hellem Haar aus.

Rot   Die Rottöne des Sommers reichen von Himbeerrot und Wassermelone zu den blauroten Tönen. Einige Sommertypen können sowohl ein dunkles Kirschrot als auch Weinrot und alle weinroten Töne tragen, doch oft sind sie zu dunkel.

Pflaumenblau Pflaumenblau ist Ihre Version von Lila. Es ist ein gräuliches Lila, nicht so intensiv oder dunkel wie das Dunkelviolett des Winters. Es ist für alle Sommerfrauen zu dunkel, abgesehen von jenen mit dunklem Haar. Flieder, Orchidee und Malve sind ausgezeichnete Farben für Sie.

Vermeiden Sie Schneeweiß, gelbliche Beigetöne, dunkles Honiggold und Braun, Gold, Orange, Pfirsich, Orangerot und Gelbgrün.

HERBST

TEINT: Herbstfrauen haben in ihrer Haut einen goldenen Unterton. Es gibt drei Grundtöne und Farbkombinationen beim Herbsttyp: die hellhäutige Frau mit einem elfenbeinfarbigen oder cremigen Pfirsichton in der Haut, den echten Rotschopf, der oft Sommersprossen hat, und die Frau mit goldbeigefarbenen Tönen, deren Hautton von Mittel- zu Dunkelbronze reicht. Der Haut der Herbstfrauen fehlt oft Farbe, so daß ihr Aussehen gedämpft wirkt. Viele Herbsttypen sind blaß und sehen besser in ihren dunkleren oder satteren Farben aus.

HAAR: Das Haar von Herbstfrauen enthält deutliche rote oder goldene Glanzlichter. Die Haartöne reichen von Kastanienbraun zu Kupfer, von Rotblond zu Rot, von dunklem Goldblond zu warmem Braun. Einige blonde Herbsttypen haben Haar, das oft als «Aschblond» bezeichnet wird. Diese Frauen können leicht mit Sommertypen verwechselt werden. Einige wenige Herbstfrauen haben schwarzbraunes Haar. Das Haar der Herbstfrau hat, abgesehen von dem weniger kastanienbrauner Frauen und dunkler Brünetten, ein mattes Aussehen und keinen glänzenden Schimmer. Die Herbstfrau ergraut meistens nicht dramatisch, weil ihr Grau warm und gedämpft ist. Wenn sie völlig ergraut ist, sieht ihr Haar ebenmäßig aus und hat einen warmen, goldenen Ton.

AUGENFARBE: Die Augen der Herbstfrauen sind meistens Goldbraun oder Grün mit orangefarbenen oder goldenen Streifen, die sternförmig um die Pupille herum angeordnet sind.

Manchmal befinden sich einzelne braune Flecken in der Iris. Einige Herbsttypen haben klare grüne Augen, wie Glas, oder dunkelolivgrüne Katzenaugen. Lebhafte blaue (türkisfarbene) oder petrolblaue Augen mit einem petrolgrauen Rand um die Iris sind bei Herbstfrauen selten.

Hinweis: Neueste Untersuchungen deuten darauf hin, daß Herbsttypen einige kühle Elemente in ihrer Farbgebung aufweisen. Dies kann man an Aschtönen im Haar ablesen, am rosigen oder geröteten Teint oder an leichten Grau- oder Blautönen in den Augen. Der Gesamteindruck ist dennoch warm, dunkel oder gedämpft. Es ist wichtig zu verstehen, welche Merkmale Ihre Farbgebung als Herbstfrau am besten beschreiben.

Kreuzen Sie die Merkmale an, die auf Ihre Haut-, Haar- und Augenfarbe zutreffen:

Teint:	*Haar:*	*Augenfarbe:*
—— elfenbein	—— rot	—— dunkelbraun
—— elfenbein mit Sommersprossen (in der Regel rothaarig)	—— kupferrotbraun	—— goldbraun
—— pfirsich	—— kastanienbraun	—— bernstein
—— pfirsich mit Sommersprossen (in der Regel goldblond, braun)	—— goldbraun (Honig)	—— haselnußbraun (braun-grüngold)
	—— aschblond	—— grün (braun- oder goldgefleckt)
	—— rotblond	
	—— schwarzbraun oder schwarz	—— klares Hellgrün
—— goldbeige	—— goldgrau	—— olivgrün
—— beige	—— cremeweiß	—— stahlblau
—— dunkelbeige (Bronze)		—— petrolblau
—— goldbraun		—— blau mit Türkiston

TYPISCHE HERBSTFARBEN: Die Herbstfarben sind im allgemeinen gedämpft, aber sie haben immer einen warmen, goldenen Unterton. Eine klare Farbe ist rein und bestimmt; eine gedämpfte Farbe wird abgetönt, indem man Braun, Grau oder Gold hinzufügt. Auf der Herbstpalette gibt es wenige klare Farben. Die meisten Herbsttypen bevorzugen jedoch die mittleren oder leuchtenden Farben, wenn sie leicht gedämpft sind. Die Herbstpalette gewinnt ihre Kraft aus einer kunstvollen Kombination von Mischtönen mit den bestimmteren, dunklen Farben.

Cremeweiß Ihr bestes Weiß ist Cremeweiß (Beigeweiß). Sie können auch Eierschale und das Wollweiß der Sommerpalette tragen, aber nie Schneeweiß, das Sie blaß wirken läßt.

Braun und Beige Alle Ihre Beige- und Brauntöne sind warme, erdige Töne. Das dunkle Schokoladenbraun und Mahagoni sind satte Farben, zu dunkel für einige Herbsttypen. Camel, Khaki und honiggoldene Töne passen auch gut zu den meisten Herbstfrauen. Bronze ist eine ungewöhnliche Farbe, die nur einigen Herbstfrauen schmeichelt.

Blau Das Marineblau, das Herbstfrauen wirklich schmeichelt, findet man nur selten. Sie können alle petrolblauen Töne tragen, aber je dunkler und satter die Farbe ist, desto besser. Ihr Türkisblau ist von mittlerer bis dunkler Intensität und hat einen warmen, gelben Unterton. Wenn Sie Türkistöne im Geschäft vergleichen, werden Sie feststellen, daß einige klar und leuchtend sind (für Sie nicht geeignet), während andere gelblicher und leicht gedämpft wirken. Im allgemeinen sehen Sie am besten in einem dunklen Lapisblau aus, einer Farbe mit einem Violetton. Ein dunkles Lila sieht ebenfalls an einigen Herbstfrauen gut aus.

Gold und Gelb Ihre Palette enthält viele Goldtöne. Wenn Sie einen Goldton wählen, sollte das Material qualitativ hochwertig sein, sonst sieht das Kleidungsstück billig aus. Sie können alle Goldtöne tragen, von Senf bis zum leuchtenden Maisgelb. Einige Herbstfrauen müssen vorsichtig sein und sollten ihre Goldtöne nur als Akzentfarben einsetzen.

Orange Zu Ihren Orangetönen zählen Terrakotta und verschiedene Rosttöne, die man leicht bei allen Arten von Kleidungsstücken finden kann. Kürbisgelb und leuchtendes Orange sind Farben, die zur Betonung dienen. Sie eignen sich gut für Muster oder auch für einfarbige Stücke bei einem weniger konservativen Look.

Pfirsich und Lachs Ihre besten Pfirsich-, Abricot- sowie Lachstöne sind dunkel. Verwenden Sie die hellen Spielarten zusammen mit dunkleren oder leuchtenderen Farben zur Betonung. Lachs ist Ihre Version von Rosa.

Rot Sie können alle Rottöne mit orangem Unterton tragen, von leuchtendem Orangerot zu Zinnoberrot und dunklem Tomatenrot (gedämpftere Töne). Ihre Rottöne werden bräunlich und ähneln Kastanienbraun. Vermeiden Sie Weinrot, da es zu «blau» und hart für Sie ist und Falten in Ihrem Gesicht hervorheben würde.

FRÜHLING

TEINT: Achten Sie auf den goldenen Unterton. Die Haut der Frühlingsfrau ist elfenbeinfarben, pfirsichfarben, rosa oder goldbeige. Oft hat sie rosige Wangen oder errötet leicht. Der Teint einiger Frühlingstypen ist rötlich; daher werden sie leicht mit Sommerfrauen verwechselt, weil sie so rosig aussehen. Dies ist auf ihre zarte oder durchscheinende Haut zurückzuführen. Sogar die Fingerknöchel können rötlich oder lila sein. Sommersprossen, meistens von goldbeiger Farbe, gehören zur Frühlingsfrau.
Andere Frühlingstypen haben eine klare cremeweiße Haut. Auch wenn die Haut der Frühlingsfrau Sommersprossen hat, sieht sie meistens klar und leuchtend aus. Schwarze oder asiatische Frühlingsfrauen weisen eine hellgoldene oder elfenbeinfarbene Haut auf.

HAAR: Das Haar der Frühlingsfrau ist flachsblond, gelbblond, honigfarben, rotblond, golden oder dunkelbraun. Es kann auch einen Aschton haben. Das Grau hat meistens einen gelben oder cremigen Ton. Manchmal sieht man auch einen Frühlingstyp mit schwarzem Haar. Bei hellem Haar paßt der Grauton oft wunderbar dazu, so daß es «blond» aussieht. Bei einer dunkelhaarigen Frühlingsfrau kann das Grau weiß und silbern erscheinen, wie beim Grau des Winters. Die hellhaarige Frühlingsfrau möchte den grauen Farbton ihres Haares möglicherweise übertönen, bis sie ganz ergraut ist. Wenn ihr Haar nicht mehr zwei verschiedene Töne enthält, sieht ihr graues Haar sehr schön aus; es hat einen blassen, warmen, taubengrauen Ton. Oft wird bei den Frühlingsfrauen aus dem Grau ein cremiges Weiß, das weich und elegant wirkt.

AUGENFARBE: Am häufigsten haben Frühlingstypen blaue, grüne, petrolblaue oder blaugrüne Augen. Die Iris ist oft goldgefleckt. Einige Frühlingsfrauen haben Augen, die klar wie Glas sind. Es entsteht der Eindruck, daß ein klarer Ring die Pupille umgibt. Auch gibt es Frühlingsfrauen, die braune Augen haben, aber sie sind immer golden oder topasfarben. Wenn die Augen haselnußbraun sind, enthalten sie immer Goldbraun, Grün oder Gold. Manche Frühlingsfrauen haben dunkelblaue Augen, die aus der Entfernung stahlgrau erscheinen.

Hinweis: Neueste Untersuchungen deuten darauf hin, daß auch Frühlingstypen einige kühle Elemente aufweisen. Dies kann man an dunkelhaarigen Frühlingsfrauen sehen, deren Haarfarbe von Aschbraun zu Schwarz reichen kann. Die dunklen, klaren blauen Augen einiger Frühlingsfrauen können gelegentlich kühl erscheinen. Der Gesamteindruck ist dennoch warm, golden oder leuchtend. Es ist wichtig zu verstehen, welche Merkmale Ihre Farbgebung am besten beschreiben.

Kreuzen Sie die Merkmale an, die auf Ihre Haut-, Haar- und Augenfarbe zutreffen:

Teint:	*Haar:*	*Augenfarbe:*
___ cremiges Elfenbein	___ flachsblond	___ blau mit weißen Strahlen
___ elfenbein mit hell- goldenen Sommer- sprossen	___ gelbblond	___ klares Blau
___ pfirsichfarben	___ honigfarben	___ stahlblau
___ pfirsichrosa (gleich- zeitig oft lilafar- bene/rote Finger- knöchel)	___ rotblond (in der Re- gel mit Sommer- sprossen)	___ grün (goldgespren- kelt)
___ goldbeige	___ tizian- oder kupfer- rot (in der Regel mit Sommersprossen)	___ klares Grün
___ beige	___ kastanienbraun	___ aquamarin
___ rosige Wangen (er- rötet leicht)	___ goldbraun	___ petrolblau
	___ aschbraun	___ goldbraun
	___ rötliches Schwarz (selten)	
	___ taubengrau	
	___ cremiges Weiß	
	___ dunkelbraun	
	___ schwarz	

TYPISCHE FRÜHLINGSFARBEN: Die Frühlingspalette ist warm, hell und leuchtend. Dunkle oder schwere Farben stehen Ihnen nicht so gut. Streben Sie also nach Farbtönen von mitteldunkler bis heller Intensität. Vermeiden Sie gedämpfte, gräuliche Farben, da Sie in ihnen leicht blaß aussehen.

Die meisten Frühlingsfrauen haben viel Wangenfarbe und können daher all ihre Farben gut tragen. Wenn Sie ein sehr heller blonder Frühlingstyp sind, stellen Sie vielleicht fest, daß Ihr Gelb und Gelbgrün zu stark für Sie sind, wenn Sie es großflächig tragen. Wenn Sie ein dunkler Typ sind, merken Sie vielleicht, daß Ihr Camel und Ihre Pastellfarben am besten wirken, wenn sie mit lebhafteren Farben gemischt werden. Es sind nicht Ihre besten neutralen Farben. Sie lassen sich ausgezeichnet durch die echten Grautöne des Winters ersetzen.

Eierschale (Weiß)   Ihr bestes Weiß ist Eierschale, ein cremiges Weiß. Sie können auch das Wollweiß des Sommers tragen, aber nicht das Schneeweiß des Winters, das Sie zu blaß erscheinen läßt. Das Wollweiß ist besonders wichtig für den dunkelhaarigen Frühlingstyp.

Grau   Ihre Grautöne müssen klar und warm sein, gelbe Untertöne aufweisen, die leuchtend und frisch sind. Helle und mittlere Grautöne passen am besten zu Ihnen. Ein echtes Grau von mittlerer oder heller Intensität paßt sehr gut zum dunkelhaarigen Frühlingstyp. Manche dunkelhaarige Frühlingsfrauen sehen auch gut in Anthrazit oder Schwarz aus.

Blau   Das Marineblau, das Ihnen am meisten schmeichelt, ist hell und leuchtend. Auch ein dunkleres, aber immer noch leuchtendes und klares Marineblau paßt gut. Ihre anderen Blautöne reichen vom Kornblumenblau bis zum Lapisblau oder zu den Blauschattierungen mit violettem Ton. Sie können viele Aquamarin- und Türkistöne tragen, aus dem mittleren bis zum leuchtenden Bereich. Ein helles Petrolblau sieht an der Frühlingsfrau gut aus. Vermeiden Sie Blautöne, die zu blaß oder pudrig sind. Sie sehen am besten in Blautönen aus, die Tiefe oder Leuchtkraft haben.

Braun- und Beigetöne Ihre Braun- und Beigetöne reichen von Eierschale über klares, warmes Hellbeige bis zu Honiggold, Camel und Goldbraun. Vermeiden Sie auf jeden Fall alle gedämpften blassen Brauntöne wie Khaki in Gesichtsnähe. Sie können aber eine khakifarbene Hose oder einen entsprechenden Rock tragen. Bei einigen Frühlingstypen sehen die Braun- und Cameltöne besser als Akzentfarben aus, sie sollten statt dessen die Grautöne des Winters als Basisfarben benutzen.

Gold und Gelb Ihr Goldton ist hell und klar. Gelbbeige und Gold-Camel wirken sehr gut an Ihnen, genau wie Sonnengelb. Das leuchtende Maisgelb des Herbstes paßt ausgezeichnet zu einigen Frühlingsfrauen.

Rot Die Rottöne der Frühlingsfrau sind entweder orangerote oder klare Rottöne. Dunklere Rottöne sehen hart aus und lassen das Gesicht älter erscheinen. Sie sollten sie daher vermeiden. Einige Frühlingstypen können auch helle Rosttöne tragen. Andere sehen besser in den echten Rottönen des Winters aus.

Grüntöne Gelbgrüne Schattierungen reichen von Pastell bis zu leuchtender Farbe. Sie sind für die hellen Frühlingstypen oft zu leuchtend.

Rosa und Pfirsich Alle Schattierungen von Pfirsich, Abricot, Koralle, Lachsrosa und warmes Rosa passen ausgezeichnet zu Ihnen. Sie müssen keine Vorsicht walten lassen, wenn Sie Kleidungsstücke aus dieser Farbenfamilie aussuchen. Ihnen stehen alle hellen Farbtöne, die mittleren und die leuchtenden. Warme Rosatöne enthalten Gelb, was Sie leicht feststellen können, wenn Sie sie mit rosafarbenen Tönen aus dem blauen Bereich vergleichen. Einige leuchtende echte Rosatöne können auch von dunkelhaarigen Frühlingsfrauen getragen werden.

Orange Ihr Orange ist ziemlich hell; es leuchtet niemals so stark wie das Orange des Herbstes.

Violett Veilchenblau ist Ihre Version von Lila. Vermeiden Sie dunklere Lilatöne; sie sehen bei Ihrer Farbgebung zu hart aus.

Teil VIII

DAS ERWEITERTE FARBSYSTEM

Der Anfang des erweiterten Farbsystems

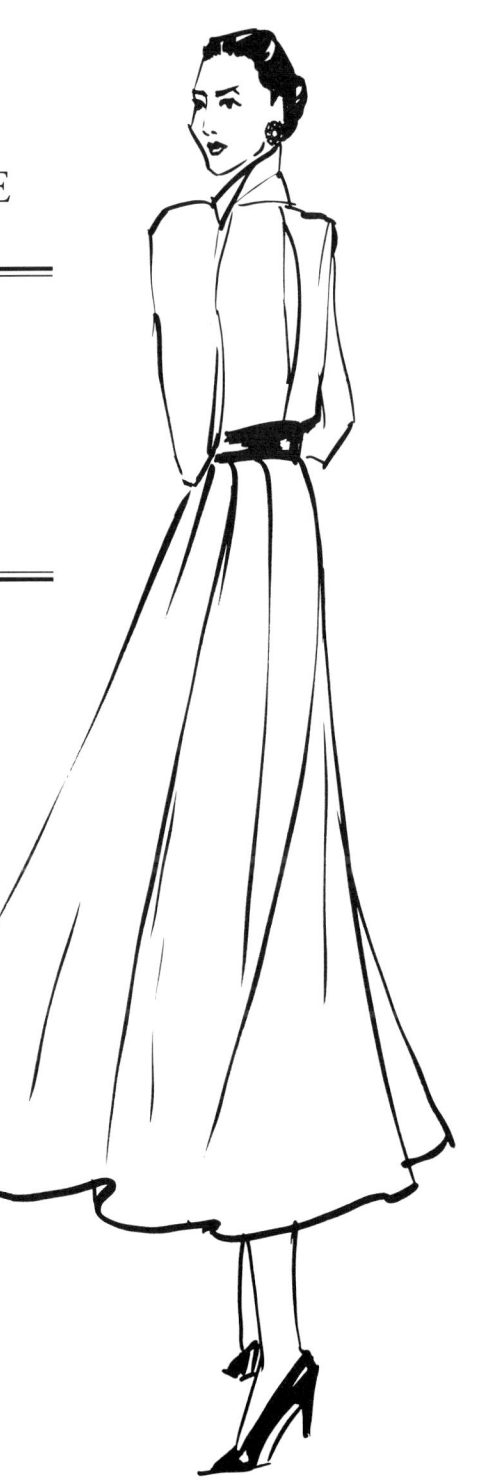

Vielleicht ist es einigen unter Ihnen schwergefallen zu entscheiden, welche Jahreszeit Ihre Farbgebung am besten beschreibt. Möglicherweise haben Sie einige Ihrer Merkmale in zwei Jahreszeiten erkannt, die beide Ihre Farben beschreiben. Bei meiner ersten Farbanalyse wurde festgestellt, daß ich ein Frühlings-Typ bin. Im ersten Jahr trug ich viele der Frühlingsfarben und genoß sie, merkte aber bald, daß ich mich in den leuchtenden Farben meiner Palette nicht wohl fühlte. Während meiner Ausbildung zur Beraterin wurde festgestellt, daß ich in der Palette der Herbstfarben eigentlich besser aussah. Ich wußte, daß meine erste Anlayse nicht völlig falsch gewesen war, da ich einige Frühlingsfarben immer noch mochte und mich in ihnen wohl fühlte. Erst als ich den Übergang der Farben von Jahreszeit zu Jahreszeit entdeckte, wurde mir klar, daß ich eine Farbgebung hatte, die sich am besten als Herbsttyp beschreiben läßt, die jedoch auch in die Frühlingspalette hinüberreicht. Als ich die Tabellen für Hautton, Haar- und Augenfarbe betrachtete, sah ich, daß besonders meine Haarfarbe eigentlich mehr zum Frühling neigte und meine Hautfarbe in beiden Tabellen aufgeführt ist. Ich sah ein wenig von mir selbst in beiden Jahreszeiten und erkannte, daß jeder die Möglichkeit hat, die Farben einer anderen Palette mit Erfolg zu tragen, so wie ich es tat.

Wenn ich an meine Suche bei der Wahl meines Stils damals zurückdenke, wollte ich meiner Herbstpalette unbedingt Farben hinzufügen. Da ich mit meinem mathematischen Verstand Ordnung schaffen wollte, brauchte ich eine logische Erklärung, wie und warum ich meine Palette erweitern konnte. Ich machte mich daher daran, ein erweitertes Farbsystem für jede Jahreszeit zu erarbeiten. Wenn ich das System logisch und realistisch erweitern konnte, schien es keine Einschränkungen für die Farben zu geben, die wir alle tragen können.

FRAGE: *Ich mag es nicht, als «Jahreszeit» bezeichnet zu werden und wie alle anderen Frauen dieses Typs auszusehen. Sollte man nicht bei der Arbeit mit Farbe und Stil Individualität und Kreativität entwickeln?*

ANTWORT: Es gibt viele verschiedene Ausdrucksarten in einer Gruppe. Zu einer Gruppe zu gehören bedeutet nicht, daß Sie wie alle anderen Gruppenmitglieder aussehen, sondern nur, daß Sie alle etwas gemeinsam haben. Daher ist es wichtig, Ihre körperlichen Merkmale zu verstehen – Ihre individuelle Körpergröße und Figur, Ihre Gesichtszüge und die Farbgebung, mit der Sie geboren wurden. Um Gleichgewicht und Harmonie zu entwickeln, müssen Sie einen Stil tragen, der diese Merkmale unterstreicht. Wenn Sie die Merkmale verstehen, können Sie mit Ihrer Persönlichkeit arbeiten und so kreativ sein, wie Sie möchten. Jedes Mitglied der Gruppe ist eine Individualistin, der seine eigenen Richtlinien zu befolgen hat, damit die Kleidung die besonderen Charakteristika unterstreicht. Wenn man mit diesen Richtlinien arbeitet, kann man seine Persönlichkeit durch die Wahl der Mode freier und besser ausdrücken.

FRAGE: *Ich bin ein Winter-Typ, aber ich erhalte immer dann Komplimente, wenn ich Farben aus der Herbstpalette trage. Wie ist das möglich?*

ANTWORT: Einige Herbstfarben sind eng mit der Winterpalette verwandt – nämlich die Farben, die dunkel und nicht besonders golden sind. Sie können schöne Ergänzungen ihrer Winterpalette sein und lassen dennoch eine perfekte Abstimmung Ihrer Garderobe zu.

FRAGE: *Ich wurde von zwei qualifizierten Farbberaterinnen analysiert. Die eine stellte fest, daß ich ein Sommertyp bin, die andere meinte, daß ich ein Herbsttyp sei. Was ist richtig?*

ANTWORT: Es ist möglich, daß Sie einige Merkmale aus beiden Jahreszeiten haben. Ihre Farbgebung ist offenbar weich und gedämpft, da die Farben von Sommer und Herbst gedämpft sind. Wahrscheinlich stehen Ihnen die Farben auf dem Mittelband der gedämpften Fließfarbenkarte am besten. Dazu können Sie Farben aus der Jahreszeit – Sommer oder Herbst – geben, in denen Sie sich am wohlsten fühlen.

FRAGE: *Langsam werden mir meine dreißig Farben langweilig. Ich möchte gern mehr Individualität bei der Wahl und der Anwendung meiner Farben zeigen. Was kann ich tun?*

ANTWORT: Es gibt innerhalb der dreißig Farben, die man Ihnen als Richtlinie gegeben hat, Hunderte von Möglichkeiten. Alle Farben, die offensichtlich mit diesen Farben verwandt sind, gehören ebenfalls zu Ihrer Palette. Aber jetzt können Sie Ihre Fließfarben dazugeben, so daß Ihre Palette noch stärker erweitert wird. Wenn Sie bereit sind, noch kreativer zu sein, können Sie alle Farben tragen, indem Sie lernen, sie mit Ihren besten Farben zu kombinieren.

Ihre
«Fließfarben»

Je mehr ich mich mit den Fließfarbenkarten der einzelnen Farbgebungen beschäftigte, desto klarer wurde mir, daß jeder Mensch zusätzlich zu seiner Jahreszeit noch in die Richtung einer anderen Jahreszeit tendiert.

Wenn ich erkennen konnte, warum einige Farben der Frühlingspalette zu mir paßten, würde ich sicherlich den Schlüssel für das erweiterte Farbensystem in Händen halten, sagte ich mir. Ich stellte fest, daß die Frühlings- und Herbstpaletten miteinander verwandt sind, weil die Farben einen goldenen Unterton haben. Dann erkannte ich, daß ich meine eigene Farbgebung als golden beschreiben würde. Wenn ich als Kind in Marineblau und Weiß gekleidet war, sah meine Haut gelb aus. Weil ich damals noch nichts über Farben wußte, dachte ich immer, daß es an meiner Haut lag, die anders als die der anderen Familienmitglieder zu sein schien. Mein «gelber» Hautton wurde durch die Farben, die auf Blau basieren, noch betont! Jetzt weiß ich, daß das «Gelb» in Wirklichkeit der goldene Unterton ist, der in meiner Haut, meinem Haar und meinen Augen enthalten ist. Als ich über die Merkmale meiner Farbgebung nachdachte – über Grundton, Intensität und Klarheit –, erkannte ich, daß das hervorstechendste Merkmal mein goldener Unterton ist. Da ich kein besonders heller oder dunkler Typ bin, konnte ich meiner Farbgebung keine klar erkennbare Farbintensität zuordnen. Obwohl meine Farbgebung nicht leuchtend ist, ist auch ihre Gedämpftheit nicht sofort offensichtlich. Der deutlichste Aspekt meiner Farbgebung ist ihr Unterton.

Nach dieser Entdeckung machte ich mich an die «goldene» Fließfarbenkarte. Ich begann mit den Herbstfarben und fügte Farben des Frühlingsbandes hinzu. Dabei entdeckte ich, daß ich all die Farben dazugegeben hatte, die ich mit Erfolg als Frühlings-Typ getragen hatte. Jetzt konnte ich logisch erklären, warum sie zu meiner Herbstpalette paßten. Wenn ich von Anfang an auf die Tabelle geschaut hätte und mich von der Mitte aus in Richtung meiner Farbgebung bewegt hätte, zu den Farben, in denen ich mich wohl fühlte, hätte ich auch so meine neue erweiterte Palette gefunden.

Begeistert und enthusiastisch beschloß ich, die neuen Fließfarbenkarten in meinen Kursen und Trainingssitzungen zu testen. Es funktionierte jedes Mal! Jetzt hatte also jeder nicht nur eine Jahreszeit, sondern auch eine erweiterte Jahreszeit.

Ihre neue Farbauswahl zu bestimmen, ist sehr einfach. Sie müssen nur die drei Merkmale Ihrer Farbgebung betrachten und entscheiden, welche Eigenschaft vorherrscht. Wenn man sie kennt, muß man nur noch die entsprechende Fließfarbenkarte aufschlagen und Farben aus dem Mittelband hinzufügen.

Bedenken Sie, daß es drei Charakteristika gibt, unter denen es zu wählen gilt: Unterton, Intensität und Klarheit der Farbgebung. Wie beim Betrachten der Farbpaletten ist es einfacher, sich jeweils nur mit einem Merkmal zu beschäftigen. Ich möchte Ihnen zeigen, wie Sie Ihre Haupteigenschaften bestimmen können.

Als Sie Ihre Farbgebung verstanden hatten, konnten Sie Ihre Jahreszeit erkennen. Da jede Jahreszeit die drei Merkmale umfaßt, ist es wichtig, die Eigenschaft zu identifizieren, die Sie beim Blick in den Spiegel sofort erkennen.

Einige unter Ihnen werden ein klar goldener Typ sein. Wenn diese goldene Eigenschaft Ihr Hauptmerkmal ist, wird man nie von einer hellen oder dramatischen Farbgebung bei Ihnen sprechen. Wahrscheinlich hören Sie eher Kommentare wie: «Du hast viel Rot im Haar», oder: «In der Sonne siehst du wie ein Rotschopf aus.» Möglicherweise haben Sie goldene Sommersprossen oder Augen, für die man Ihnen wegen ihres goldenen Funkelns und ihres warmen, glänzenden Tons laufend Komplimente macht. Ein Goldbraun wird immer phantastisch an Ihnen aussehen! Wenn der Gesamteindruck, den Sie ausstrahlen, einen goldenen Glanz und einen warmen Unterton hat, ist das Hauptmerkmal Ihrer Farbgebung golden.

Einige unter Ihnen haben wahrschenlich einen eindeutig blauen Grundton in ihrem Hautton, was man an einem rosigen oder pinkfarbenen Teint ablesen kann. Auch Sie sind wahrscheinlich kein besonders dunkler oder heller Typ, und Ihre

Haare haben einen Aschton. Wenn Ihr Haar langsam grau wird, fragt man Sie vielleicht, ob Sie Ihr Haar tönen, da es dann einen perlschimmernden Grauton aufweist. Der Grauton Ihrer Augen ist ähnlich, egal ob sie blau oder grün sind. Wenn Ihre Augen braun sind, sind sie asch- oder schwarzbraun, und der Hautton ist stark rosafarben. Ihnen stehen alle Blauschattierungen. Wenn Ihre Farbgebung in erster Linie «kühl» ist, ist Ihr Hauptmerkmal ihr auf Blau basierender Hautton.

Wenn Sie nicht mit Sicherheit sagen können, ob Ihre Farbgebung warm oder kühl ist, hatten Sie wahrschcinlich Schwierigkeiten, Ihre Hauptjahreszeit zu bestimmen. Vielleicht enthält Ihre Farbgebung sogar fast gleiche Mengen an Gold und Blau. Sie sollten jetzt die anderen beiden Möglichkeiten in Betracht ziehen – die Merkmale «Intensität» und «Klarheit».

Sagt man Ihnen oft, daß Sie eine starke, lebhafte oder dunkle Farbgebung haben? Machen Ihnen Menschen Komplimente für Ihre dunklen, exotischen Augen? Hat man Sie jemals gefragt, ob Sie Ihre Haare färben, weil sie eine solch tiefe, satte Farbe haben? Muß die Farbe Ihrer Kleidung kontrastreich und dunkel sein, um Ihre Farbgebung zu ergänzen? Da die Intensität das auffälligste Merkmal ist, das das menschliche Auge erkennt, sollte es Ihnen keine Schwierigkeiten bereiten zu entscheiden, ob dic Tiefe Ihrer Farbgebung Ihr Hauptmerkmal ist.

Wenn Ihre Farbgebung nicht dunkel und kräftig ist, hat man Sie möglicherweise oft als hellen oder sogar zarten Typ beschrieben. Das häufigste Kompliment galt sicher Ihrem schönen, naturblonden Haar. In der Öffentlichkeit ist man möglicherweise besonders aufmerksam Ihnen gegenüber, weil Ihre Farbgebung so hell ist und Sie so zerbrechlich wirken. Ihre dunkelhaarige Freundin muß wahrscheinlich ihren Koffer auf dem Flughafen selbst schleppen, während mehrere Kavaliere sich anbieten, den Ihren zu tragen. Sie sehen in Rosaschattierungen, einschließlich der warmen Rosatöne, wunderbar aus. Ihr hervorstechendes Merkmal ist Ihre helle Farbgebung.

Wenn Ihre Farbgebung weder warm noch kalt ist und wenn Sie nicht mit Sicherheit sagen können, ob Sie ein dunkler oder heller Typ sind, ist Ihr hervorstechendes Merkmal die Klarheit Ihrer Farbgebung. Das erste, das Sie an sich feststellen, ist wahrscheinlich ein sehr weiches, gedämpftes Aussehen. In diesem Fall liegt Ihre Farbgebung ganz sicher im mittleren Bereich, was die

Intensität betrifft. Leuchtende Farben sehen grell an Ihnen aus, und Sie werden sehen, daß Farben, die stark grau abgetönt sind, Ihnen am besten stehen. Sie erhalten sicherlich oft Komplimente wegen der Weichheit Ihres Aussehens. Ihr wichtigstes Merkmal ist Ihre gedämpfte Farbgebung.

Diejenigen unter Ihnen, die Ihr Hauptmerkmal bis jetzt noch nicht bestimmen konnten, haben wahrscheinlich eine sehr leuchtende, klare Farbgebung. Ihr Hautton ist hell, egal ob elfenbeinfarben oder porzellanfarben. Ihr Haar ist im Vergleich zu Ihrem Teint dunkel, und die Augen sind klar und leuchten wie Juwelen. Sie werden sich wahrscheinlich in den echten Farben am wohlsten fühlen und sehen in leuchtenden Farben am lebendigsten aus. Das Kompliment, das man Ihnen am häufigsten macht, bezieht sich wahrscheinlich auf Ihr leuchtendes Aussehen oder Ihre «Porzellanhaut». Ihr hervorstechendstes Merkmal ist Ihre leuchtende Farbgebung.

Die Wahl
der richtigen
Fließfarbenkarte

Wenn Sie festgestellt haben, welches Merkmal Ihre Farbgebung bestimmt, wählen Sie die richtige Fließfarbenkarte, um den besten Farbenbereich für Sie zu bestimmen. Die Fließfarbenkarten sind durch die drei Merkmale Unterton, Intensität und Klarheit einfach angeordnet:

- Herbst/Frühling* – warmer Unterton
- Winter/Sommer – kühler Unterton
- Winter/Herbst – dunkle Farben
- Sommer/Frühling – helle Farben
- Sommer/Herbst – gedämpfte Farben
- Winter/Frühling – leuchtende Farben

Beginnen Sie mit Ihrer Jahreszeit, und fügen Sie die Farben vom Mittelband der Fließfarbenkarte hinzu, die am besten ihr dominierendes Merkmal beschreibt. Diese Farben sind eng mit den Farben Ihrer Hauptjahreszeit verwandt. Sie können jedoch auch auf dem Mittelband beginnen und sich in die Richtung bewegen, die am besten Ihre Farbgebung beschreibt und in der Sie sich am wohlsten fühlen. Ihre persönlichen Vorlieben und Abneigungen sind sehr wichtig.

Jetzt wollen wir die Fließfarbenkarten und die Farben auf dem Mittelband jeder einzelnen betrachten, um näher zu untersuchen, wie sie miteinander verwandt sind und um zu zeigen, wie Sie Ihre Palette erklären können.

Weitere Einzelheiten zum Gebrauch der Farbkarten auf den Seiten 140 bis 154 siehe Seite 225.

In der warmen Tabelle von Herbst/Frühling sind die Farben vom dunkelsten und gedämpftesten Farbton des Herbstes bis hin zum hellsten und klarsten des Frühlings angeordnet. Betrachten Sie die Farben auf dem Mittelband.

Die Herbstfarben Cremeweiß, Sand und Camel ähneln stark den Frühlingsfarben Eierschale und Gelbbeige. Die Herbstfarben Gold, Terrakotta und Kürbisgelb sind hell und klar genug, um neben dem hellen, klaren Goldgelb und Goldbraun des Frühlings nicht zu schwer zu erscheinen. Die Herbstfarben Lachs und kräftiges Abricot sind zwar etwas gedämpfter als das Lachsrosa und das Pfirsich des Frühlings, sind aber immer noch hell genug, um in denselben Bereich zu gehören. Die orangeroten Töne des Herbstes und des Frühlings sind im wesentlichen austauschbar. Es ist möglich, das Zinnoberrot des Herbstes in dieses Band mit aufzunehmen.

Die Grüntöne, die von beiden Paletten hinzugefügt wurden, sind klar und leuchtend. Das Petrolblau, die Türkistöne und die Aquamarintöne beider Jahreszeiten sind so deutlich miteinander verwandt wie die Beigetöne. Das Lapisblau und das Lila des Herbstes sind nur etwas dunkler als das Lapisblau und das Veilchenblau des Frühlings, aber klar und hell genug, um in den Fließfarbenbereich zu gehören.

Auf der kühlen Karte von Winter/Sommer sind die Farben von den dunkelsten und lebhaftesten Farben des Winters bis hin zu den weichsten und gedämpftesten des Sommers angeordnet. Beachten Sie die Farben auf dem Mittelband.

Das Wollweiß des Sommers kann erfolgreich von jedem getragen werden. Die mittleren Grautöne des Winters und die blaugrauen Töne des Sommers liegen im selben Bereich. Das Anthrazit des Winters wird zum Schwarz des Mittelbandes. Die Blautöne im Fließfarbenbereich des Winters sind das kräftige Blau und das Marineblau. Das Marineblau ist jedoch nicht so dunkel wie auf der echten Winterpalette. Das Lapisblau des Sommers wird hinzugefügt, obwohl es heller ist als die anderen Bandfarben, denn es paßt gut dazu.

Die Grün- und die Gelbtöne sind eng miteinander verwandt. Die mittleren Rosatöne des Winters und das Pink des Sommers scheinen fast austauschbar. Das Dunkelrosa des Sommers ist etwas gedämpfter als einige andere Bandfarben, aber durch die

Tiefe und die Sattheit paßt es gut dazu. Die weinroten und blau-roten Töne und das Himbeerrot sind echte Fließfarben. Das Pflaumenblau, Orchidee und das gedämpfte Lila des Sommers sind von der Intensität her mittel bis dunkel; es sind die klarsten Sommerfarben.

Auf der dunklen Tabelle von Winter/Herbst sind die Farben vom dunkelsten Blau des Winters bis hin zum gedämpftesten Gold des Herbstes angeordnet. Betrachten Sie die Farben auf dem Mittelband.

Das dunkle Schokoladenbraun des Herbstes ist sehr dunkel, nicht besonders golden und wirkt gut zusammen mit schwarzen Accessoires. Schwarz und Anthrazit sind dem Fließfarbenband als neutrale Farben beigefügt. Mahagoni ist eine Kreuzung zwischen Rost und Weinrot und paßt daher gut zu diesem Band. Da einige rostrote Töne klar sind und mehr Rot als Orange enthalten, wurde dieses Rostrot hinzugefügt. Zu Cremeweiß und Graubeige (Taupe) kann man das Wollweiß des Sommers geben. Das kräftige Türkisblau und das Lagunenblau des Winters enthalten im Grundton etwas Gelb und passen daher dazu. Das Petrolblau und das Türkis des Herbstes bewirken einen blaugrünen Effekt. Das dunkle Lapisblau ist blau und klar genug, um mit den Winterfarben kombiniert zu werden. Die echten Grüntöne des Winters und das Tannengrün ähneln klar dem Flaschengrün des Herbstes. Das Olivgrün ist am gedämpftesten, aber durch die Intensität und den «Grau»-Effekt wirkt es gut.

Das Scharlachrot des Winters enthält gleiche Mengen an Gold und Blau und ist daher direkt mit dem Tomatenrot des Herbstes verwandt. Die Lilatöne sind fast austauschbar, wenn man sie von der Intensität her vergleicht.

Auf der hellen Tabelle von Sommer/Frühling sind die Farben vom stärksten Blau des Sommers bis hin zum stärksten Gold des Frühlings angeordnet. Beachten Sie auch hier wieder das Mittelband.

Die Farben Eierschale und Gelbbeige haben eine gelbe Grundlage, sind aber klar. Das Wollweiß und das Zitronengelb sind klar und passen sich der Frühlingspalette gut an. Die blaugrünen Farbtöne des Sommers enthalten Gelb und sind klar genug, um zu den Farbbändern des Frühlings zu passen. Die

Rosatöne des Frühlings sind warm, mit einem leichten Anklang von Gelb, und ähneln daher stark den kräftigen Rosatönen des Sommers. Dunkelrosa ist die dunkelste Farbe auf dem Band, hat aber einen leicht warmen Ton.

Die Frühlingsfarbe Klatschmohn enthält Blau und Gelb. Das Wassermelonenrot des Sommers hat einen Anflug von Koralle und wird oft als das Orange des Sommers bezeichnet. Das helle Petrolblau des Frühlings ist blaugrün und daher eng mit dem mittleren Blaugrün des Sommers verwandt.

Die hinzugefügten Türkistöne haben keinen stark gelben Grundton. Alle lapisblauen Töne passen zu beiden Jahreszeiten und dürfen nicht ausgelassen werden. Das Vergißmeinnichtblau des Sommers und das helle Marineblau des Frühlings sind ähnlich und nicht zu dunkel, um in dieses Band aufgenommen zu werden. Das Mittelgrau des Winters läßt sich dem Mittelband ausgezeichnet hinzufügen, da es nicht zu dunkel ist und nicht zuviel Blau enthält. Es ist eine wunderbare Fließfarbe für beide Jahreszeiten.

Die gleichen fließenden Übergänge von einer Jahreszeit zur nächsten, die in den warmen und den kühlen Fließfarbenkarten offensichtlich waren, sind auch auf den Karten für Intensität von Winter/Sommer und Sommer/Frühling klar vorhanden. Auch hier gibt es keine genau festgelegte Grenzlinie.

Auf der gedämpften Karte von Sommer/Herbst sind die Farben vom stärksten Blau des Sommers bis zum stärksten Gold des Herbstes angeordnet. Betrachten Sie die Farbbänder und dabei besonders die Brauntöne!

Die Brauntöne des Herbstes sind weder zu dunkel noch besonders golden. Sie ähneln dem Kakaobraun und dem Rosabraun des Sommers. Das Wollweiß und das Cremeweiß sind eng miteinander verwandt: Das Cremeweiß ist etwas dunkler. Das Mahagoni des Herbstes ist ein gedämpftes Weinrot und paßt zu vielen Farben des Sommerbandes. Wenn es weicher und gedämpfter wird, eignet es sich besser als Fließfarbe.

Die Grüntöne des Herbstes sind weich, gedämpft und mit Grau abgetönt. Sie haben eine fast pastellartige Qualität. Das Flaschengrün ist etwas dunkel, aber da es mit Grau abgetönt ist, ist es eine gute Fließfarbe. Die blaugrünen Farbtöne des Sommers sind die Sommerfarben mit dem stärksten Gelbanklang und passen zu vielen Grüntönen des Herbstes. Das Lachsrosa des Herbstes hat einen warmen Rosaton, genau wie das Rosé des Sommers. Das Pink und das Dunkelrosa sind weich und gedämpft. Das Zinnoberrot des Herbstes ist gedämpft, nicht zu dunkel oder golden.

Die Sommerfarbe Wassermelone hat einen Anflug von Koralle und paßt gut dazu, genau wie auf der Karte von Sommer/Frühling. Die lapisblauen Farbtöne sind wie auf den meisten Karten austauschbar. Das Petrolblau des Herbstes ist gedämpft und hat einen blaugrünen Ton. Je gedämpfter es ist, desto besser eignet es sich als Fließfarbe. Die hinzugefügten Türkistöne sind gedämpft und nicht besonders golden.

Es ist erstaunlich, daß man nicht nur die Gedämpftheit der Farbe auf der Fließfarbenkarte, sondern auch die Ähnlichkeiten der Bandfarben sieht, wenn man sich ganz auf den Grad der Klarheit konzentriert.

Auf der Karte der leuchtenden Farben von Winter/Frühling sind die Farben vom tiefsten Blau des Winters bis zum hellsten Gold des Frühlings angeordnet. Beachten Sie die Farben auf dem Mittelband.

Eierschale und Graubeige (Taupe) sind eng miteinander verwandt. Da der Eierschalenton oft sehr golden ist, eignet er sich gut dazu, das Cremeweiß des Herbstes oder das Wollweiß des Sommers zu ersetzen. Die hellen und mittleren Grautöne des Winters sind echte Farbe, die nicht zu dunkel sind und sich wunderbar als neutrale Fließfarben eignen. Das warme Hellgrau ist so klar, daß man es zu den Grautönen des Winters geben kann. Die echten Blautöne beider Jahreszeiten sind eng miteinander verwandt, genau wie die Gelbtöne.

Die echten Grüntöne passen gut zu dem Band, so wie alle echten Farben. Das kräftige Türkisblau und das Lagunenblau des Winters enthalten beide etwas Gelb und passen gut zum hellen Petrolblau des Frühlings. Die leuchtenden, warmen Rosatöne des Frühlings leuchten genug, um mit dazugerechnet zu werden, und das Shocking Pink und das kräftige, dunkle Pink des Winters sind echte Rosatöne. Die echten Rot- und Lilatöne der beiden Paletten sind fast austauschbar.

DIE FARBEN DES WARMEN BANDES*

● HERBST
Cremeweiß
Sand
Camel
Maisgelb
Gold
Kürbisgelb
Orange
Terrakotta
Kräftiges Pfirsich/Abricot
Lachs
Orangerot
Apfelgrün
Türkis
Petrolblau
Dunkles Lapisblau
Lila

● FRÜHLING
Eierschale
Gelbbeige
Warmes Hellbeige
Gold-Camel
Klares Goldgelb
Honiggold
Goldbraun
Pfirsich/Abricot
Hellorange
Orangerot
Leuchtendes Gelbgrün
Zartes Aquamarin
Intensives Aquamarin
Helles Petrolblau
Lapis- und Veilchenblau
Veilchenblau

DIE FARBEN DES DUNKLEN BANDES

● WINTER
Anthrazit
Schwarz
Zitronengelb
Graubeige (Taupe)
Kräftiges Türkisblau
Lagunenblau
Kräftiges Blau
Turmalingrün
Intensivgrün
Tannengrün
Scharlachrot
Lila

● HERBST
Mahagoni
Dunkles Schokoladenbraun
Rost
Cremeweiß
Türkis
Petrolblau
Dunkles Lapisblau
Flaschengrün
Olivgrün
Tomatenrot
Lila

Weitere Einzelheiten zum Gebrauch der Farbkarten auf den Seiten 140 bis 151 und Seite 225.

DIE FARBEN DES KÜHLEN BANDES

● **WINTER**
Hellgrau
Mittelgrau
Anthrazit
Graubeige (Taupe)
Königsblau
Marineblau
Turmalingrün
Zitronengelb
Shocking Pink
Kräftiges, dunkles Pink
Leuchtendes Weinrot
Dunkelrot
Lila

● **SOMMER**
Wollweiß
Helles Blaugrau
Taubenblau
Rosabeige
Kakaobraun
Lapisblau
Vergißmeinnichtblau
Rauch-Marineblau
Dunkles Blaugrün
Blasses Zitronengelb
Dunkelrosa
Pink
Wein- und Kirschrot
Pflaumenblau
Orchidee
Gedämpftes Lila

DIE FARBEN DES HELLEN BANDES

● **SOMMER**
Wollweiß
Blasses Zitronengelb
Mittleres Blaugrün
Dunkles Blaugrün
Helles Rosabeige
Pink
Dunkelrosa
Wassermelone
Pastellaquamarin
Lapisblau
Vergißmeinnichtblau
Himmelblau
Helles Blaugrau
Taubenblau

● **FRÜHLING**
Eierschale
Gelbbeige
Gold-Camel
Warmes Pastellrosa
Koralle
Warmes, kräftiges Rosa
Lachsrosa
Klatschmohn
Helles Petrolblau
Intensives Aquamarin
Zartes Lapisblau
Intensives Lapisblau
Helles Marineblau
Warmes Hellgrau

DIE FARBEN DES GEDÄMPFTEN BANDES

- **SOMMER**
  Wollweiß
  Rosabeige
  Kakaobraun
  Rosabraun
  Blasses Zitronengelb
  Mittleres Blaugrün
  Dunkles Blaugrün
  Dunkelrosa
  Pink
  Wassermelone
  Lapisblau
  Pastellaquamarin
  Graublau

- **HERBST**
  Cremeweiß
  Kaffeebraun
  Mahagoni
  Graugrün
  Jadegrün
  Olivgrün
  Flaschengrün
  Lachs
  Zinnoberrot
  Dunkles Lapisblau
  Türkis
  Petrolblau

DIE FARBEN DES LEUCHTENDEN BANDES

- **WINTER**
  Graubeige (Taupe)
  Hellgrau
  Mittelgrau
  Kräftiges Blau
  Zitronengelb
  Turmalingrün
  Intensivgrün
  Kräftiges Türkisblau
  Lagunenblau
  Shocking Pink
  Kräftiges, dunkles Pink
  Scharlachrot
  Lila

- **FRÜHLING**
  Eierschale
  Warmes Hellgrau
  Helles Marineblau
  Kornblumenblau
  Intensives Lapisblau
  Sonnengelb
  Helles Petrolblau
  Intensives Aquamarin
  Koralle
  Warmes, kräftiges Rosa
  Klatschmohn
  Veilchenblau

ÜBERPRÜFEN SIE IHRE FARBWAHL!

Wenn Sie immer noch Schwierigkeiten haben, Ihre beherrschenden Merkmale zu bestimmen, oder wenn Sie Ihre Auswahl überprüfen wollen, können Sie es mit einigen Testfarben versuchen. Da Sie bereits Ihre Jahreszeit identifiziert haben, können Sie die drei Fließfarbenkarten heraussuchen, die Ihre Jahreszeit enthalten. Vergleichen Sie die Farben auf dem mittleren Band miteinander.

Wenn Sie ein **Herbsttyp** sind, versuchen Sie es mit folgenden Farben, um zu entscheiden, welches Ihre Fließfarbenkarte ist, oder um Ihre Wahl zu bestätigen:

Herbst/Frühling	*Herbst/Sommer*	*Herbst/Winter*
Leuchtendes Gelbgrün	Dunkles Blaugrün	Intensivgrün
Orangerot	Wassermelone	Scharlachrot
Goldbraun	Kakaobraun	Anthrazit

Welche Farben passen am besten zu Ihnen?

Wenn Sie ein **Frühlingstyp** sind, versuchen Sie es mit folgenden Farben, um zu entscheiden, welches Ihre Fließfarbenkarte ist, oder um Ihre Wahl zu bestätigen:

Frühling/Herbst	*Frühling/Sommer*	*Frühling/Winter*
Petrolblau	Vergißmeinnichtblau	Kräftiges Blau
Orangerot	Wassermelone	Dunkelrot
Apfelgrün	Mittleres Blaugrün	Intensivgrün

Welche Farben passen am besten zu Ihnen?

Wenn Sie ein **Sommertyp** sind, versuchen Sie es mit folgenden Farben, um zu entscheiden, welches Ihre Fließfarbenkarte ist, oder um Ihre Wahl zu bestätigen:

Sommer/Winter	*Sommer/Herbst*	*Sommer/Frühling*
Kräftiges, dunkles Pink	Lachs	Warmes, kräftiges Rosa
Hellgrau	Mit Grau abgetöntes Flaschengrün	Helles Petrolblau
Königsblau		Helles Marineblau
	Petrolblau	

Welche Farben passen am besten zu Ihnen?

Wenn Sie ein **Wintertyp** sind, versuchen Sie es mit folgenden Farben, um zu entscheiden, welches Ihre Fließfarbenkarte ist, oder um Ihre Wahl zu bestätigen:

Winter/Herbst	*Winter/Sommer*	*Winter/Frühling*
Petrolblau	Vergißmeinnichtblau	Kornblumenblau
Tomatenrot	Kirschrot	Klatschmohn
Flaschengrün	Dunkles Blaugrün	Helles Petrolblau

Welche Farben passen am besten zu Ihnen?

Die Farben einer der drei Fließfarbenkarten werden Ihnen besser stehen als die anderen. Diese Farben und die entsprechende Karte bestimmen Ihre Jahreszeit der Fließfarben.

Ein anderes Bezeichnungssystem

Da sich so viele mit der Jahreszeitentypologie auskennen, kann es hilfreich sein, einmal das folgende Bezeichnungssystem in Erwägung zu ziehen:

- Als Winter-Typ werden Sie entweder zu Sommer, Herbst oder Frühling neigen.

- Als Sommer-Typ werden Sie entweder zu Winter, Frühling oder Herbst neigen.

- Als Herbst-Typ werden Sie entweder zu Frühling, Winter oder Sommer neigen.

- Als Frühlings-Typ werden Sie entweder zu Herbst, Sommer oder Winter neigen.

Auf jeden Fall beginnen Sie mit einer Palette der Hauptjahreszeiten und gehen in Richtung einer zweiten Jahreszeit, die den Hauptmerkmalen Ihrer Farbgebung am nächsten kommt. Wenn die Hauptjahreszeit bei Ihnen bereits festgelegt wurde, ist es jetzt nur noch notwendig, die Richtung zu bestimmen, damit Sie Ihre Farbpalette erweitern können. Wenn Sie Ihre Hauptjahreszeit noch nicht kennen, können Sie eine der Karten mit den Fließfarben wählen. So verfügen Sie sofort über Ihre erweiterte Palette. Jeder wird seine eigene Zone haben, in der er sich wohl fühlt.

Einige unter Ihnen werden feststellen, daß Sie sich auf dem Mittelband der Fließfarbenkarte wohler fühlen als in einer einzelnen Jahreszeit. Ihre Farbgebung ist eine Kombination der Merkmale aus zwei Jahreszeiten. Sie können mit den Farben des

Mittelbandes arbeiten und Farben aus der Richtung wählen, in der Sie sich am wohlsten fühlen.

Vielleicht ist es hilfreich, sich die einzelnen Paletten einmal in Kreisform vorzustellen, in der jedes Viertel eine Jahreszeit darstellt. Bisher haben wir nur die einzelnen Viertel von Winter, Sommer, Herbst und Frühling betrachtet.

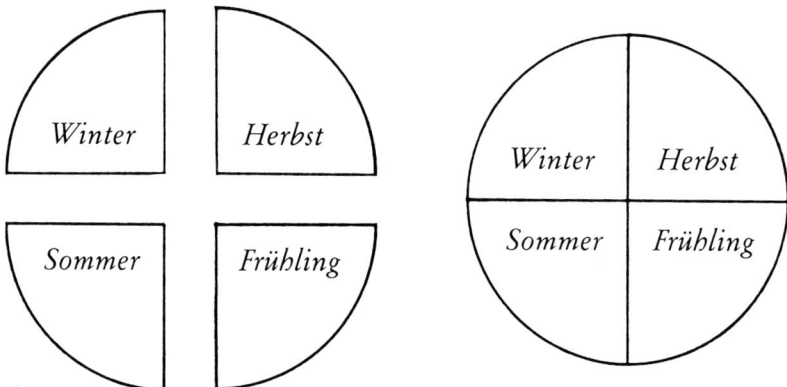

Bisher wurden die einzelnen Paletten als individuelle Gruppen betrachtet. Jeder von uns fiel in eine dieser Kategorien.

Jetzt scheint es richtiger, die Paletten als Teile eines Kreises zu betrachten.

Statt ein ganzes Viertel zu betrachten, stellen Sie sich einmal eine bestimmte Position auf der Kreisfläche vor. Ein Kreis enthält eine unendliche Zahl von Punkten, und jeder von uns hält sich an einem bestimmten Punkt auf dem Kreis auf. Wenn Sie Ihre Position verstehen, können Sie die Richtung sehen, in die Sie neigen, und Ihre fließende Übergangsjahreszeit bestimmen.

Als **Herbst-Typ** können Sie in die Richtung von Winter, Sommer oder Frühling neigen:

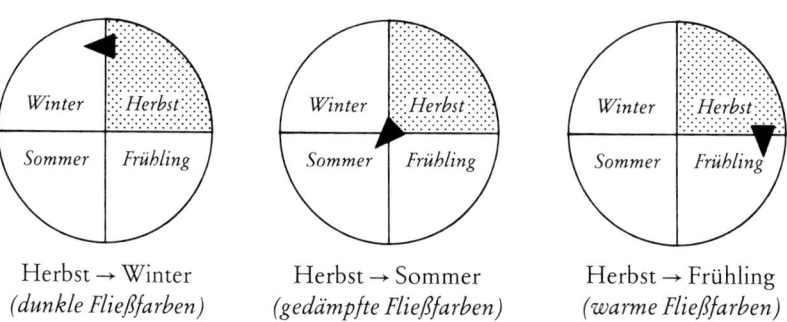

Herbst → Winter
(dunkle Fließfarben)

Herbst → Sommer
(gedämpfte Fließfarben)

Herbst → Frühling
(warme Fließfarben)

Als **Frühlings-Typ** können Sie in die Richtung von Herbst, Sommer oder Winter neigen:

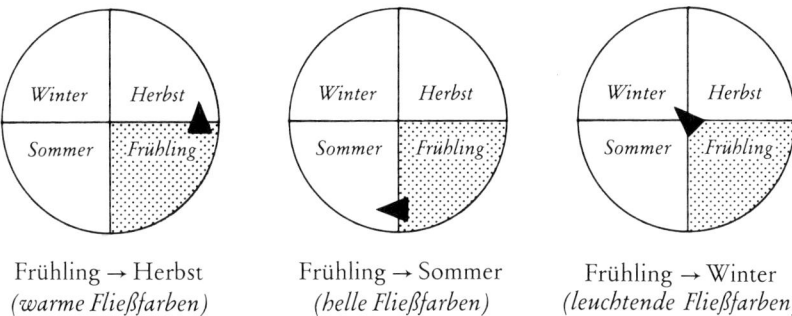

Frühling → Herbst
(*warme Fließfarben*)

Frühling → Sommer
(*helle Fließfarben*)

Frühling → Winter
(*leuchtende Fließfarben*)

Als **Winter-Typ** können Sie in die Richtung von Herbst, Sommer oder Frühling neigen:

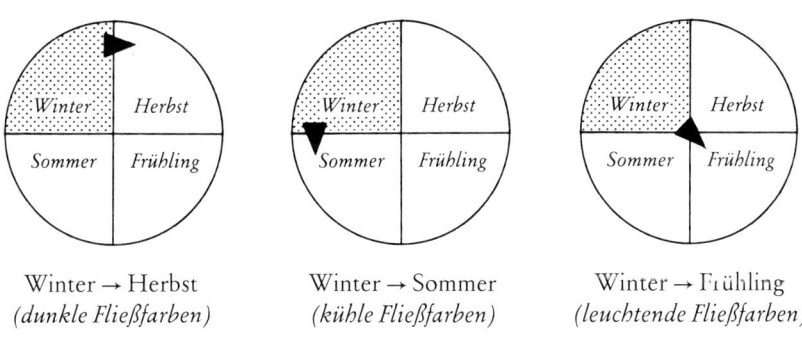

Winter → Herbst
(*dunkle Fließfarben*)

Winter → Sommer
(*kühle Fließfarben*)

Winter → Frühling
(*leuchtende Fließfarben*)

Als **Sommer-Typ** können Sie in die Richtung von Frühling, Winter oder Herbst neigen:

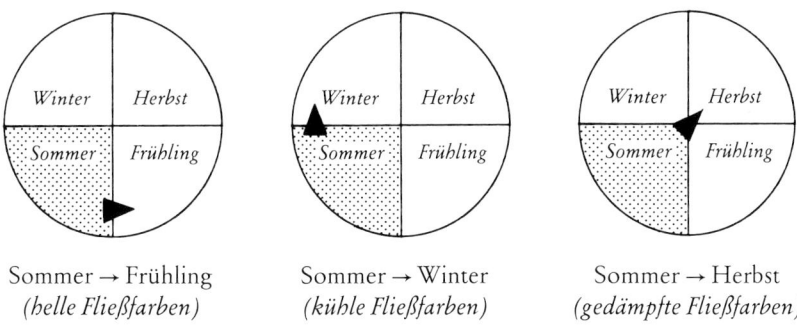

Sommer → Frühling
(*helle Fließfarben*)

Sommer → Winter
(*kühle Fließfarben*)

Sommer → Herbst
(*gedämpfte Fließfarben*)

Die Farben
und
Ihre Vorlieben

Sie haben jetzt die Farben und ihre Beziehung zu Ihrer eigenen Farbgebung studiert. Jetzt wollen wir uns mit Ihrer Persönlichkeit und der psychologischen Wirkung, welche Farben auf uns haben können, beschäftigen. Soziologen, die untersucht haben, wie Farben auf viele Menschen negativ und positiv wirken können, haben einige faszinierende Reaktionen auf Farben festgestellt.

In seinem Buch *Color in Your World* brachte James Birren die Farbe Rot mit Gefühlen von Erregtheit, Macht und Anregung auf der positiven Seite in Zusammenhang und auf der negativen Seite mit Aggressionen, Widerstand oder Konkurrenzkampf. In allen Fällen erweckt die Farbe Rot starke Gefühle. Ich habe bereits erwähnt, daß die Aussage «Ich kann Rot nicht tragen» bedeutungslos ist, wenn man bedenkt, wie viele Schattierungen und Farbtöne verschiedener Intensität es von dieser Farbe gibt. Die Aussage kann jedoch sehr bedeutsam sein, wenn Sie damit auf persönliche Vorlieben und die psychologische Wirkung, die die Farbe Rot auf Sie hat, anspielen. Sie sollten nie eine Farbe tragen, der gegenüber Sie negativ eingestellt sind.

Al Hackl, der Präsident von Colortone Press und Acropolis Books Ltd., hat auch die psychologischen Wirkungen von Farben im Anwendungsbereich des Druckes untersucht: wie sie Aufmerksamkeit erregen, die Lesbarkeit erhöhen und die Wirkung verstärken. Es kann sehr hilfreich sein, wenn man versteht, warum man bestimmte Gefühle bei bestimmten Farben hat. Auf der nächsten Seite ist die Liste einiger Farben abgedruckt, daneben die positiven und die negativen Reaktionen, die sie hervorrufen.

DIE PSYCHOLOGISCHE WIRKUNG VON FARBEN

Farbe	Positive Gefühle	Negative Gefühle
Gelb	sonnig fröhlich optimistisch	ichbezogen unehrlich angeberisch
Creme	beruhigend behaglich natürlich	alltäglich neiderweckend unreif
Blau	heiter ruhig, sicher behaglich kühl	bedrückend melancholisch
Lila	königlich würdevoll	grausam pompös
Braun	verläßlich realistisch	langweilig eigensinnig
Rosa	weich, ruhig süß, zärtlich	verweichlicht
Weiß	rein unschuldig geistig	steril
Grau	sicher friedlich schützend	trüb, langweilig farblos
Schwarz	anspruchsvoll	leer tödlich
Grün	natürlich jugendlich friedlich	Neid Unreife

Jede Fließfarbenkarte enthält eine ganze Reihe von Farben im Hinblick auf Intensität und Klarheit. Es bleibt also Ihnen überlassen, die Farben auszuwählen, die Ihnen gefallen, und jene auszulassen, die negative Reaktionen bei Ihnen hervorrufen.

Einige unter Ihnen sind wahrscheinlich eher konservativ eingestellt und zufrieden mit den Farben, die ihre jahreszeitliche Palette ihnen bietet. Letztlich sind es die Farben, die am besten zu Ihnen passen, und Sie wissen, wie gut Sie an Ihnen aussehen. Ihre dreißig Farben sind nur eine Richtlinie, und wenn Sie sich an ihnen orientieren, werden Sie erkennen, daß es in Wirklichkeit Hunderte von Farben für Sie gibt.

Andere Leserinnen sind sicher eher bereit, die Fließfarben in ihre Palette mit einzubeziehen. Mit diesen Farben können Sie Ihre Farbkollektion erweitern und dabei immer noch phantastisch aussehen. Gehen Sie langsam vor, wenn Sie Farben aus dem mittleren Band hinzufügen. Sie werden den Spielraum genießen, den Sie nun haben, wenn Sie sich jetzt eine erweiterte Garderobe schaffen.

Die Frau, die aus dem Rahmen fällt

Nach jeder meiner Vorlesungen über Farben während der letzten Jahre hat es immer eine Zuhörerin gegeben, die heftig dagegen protestierte, auf eine einzige Farbpalette eingeschränkt zu werden. Bisweilen reagierten diese Frauen richtig feindselig; im Geist mit dem Fuß aufstampfend, erklärten sie trotzig: «ICH TRAGE JEDE FARBE, DIE ICH TRAGEN WILL!» Im nachhinein gesehen waren es oft diejenigen unter den Teilnehmerinnen, die mir aufgrund ihres starken nichtverbalen Eindrucks, den sie durch ihre Kleidung machten, besonders aufgefallen waren.

Zu Anfang haben wir gelernt, welche Linien, Maßstäbe und Strukturen bei der Kleidung zu unserem Körpertyp passen, als wir unsere Figur und unsere Gesichtsform betrachtet haben. Danach haben wir uns mit unserer Persönlichkeit beschäftigt. Wir haben diese Information erweitert und eine Garderobe geschaffen, die jede einzelne unter uns als Individualistin widerspiegelt. Genau wie wir Informationen «hinzugefügt» oder «vervielfacht» haben, um unseren Stil zu bestimmen, sollten wir auch unsere Farbrichtung festlegen, um unseren persönlichen Stil zu vervollständigen.

Die «eigensinnige» Frau will jede Farbe – und alle Farben – tragen. Vielleicht sieht sie ein, daß einige Farben besser an ihr aussehen als andere, will aber nicht auf eine Palette oder auf eine Fließfarbenkarte beschränkt sein. Sie ist der Meinung, daß sie aufgrund ihres starken Wunsches und ihrer Überzeugung das Recht hat, jede Farbe zu tragen, besonders die Modefarben. Wir wollen einmal sehen, wie sie ihre «Mode»-Farben tragen und dabei trotzdem gut aussehen kann.

DIE MODEFARBEN DER SAISON: WIE KANN MAN SIE ERFOLGREICH TRAGEN?

Um die Modefarben tragen zu können, die sich nicht auf der eigenen Palette oder auf der Fließfarbenkarte befinden, muß man zuerst einmal akzeptieren, daß Farben, die nicht auf der Palette oder der Karte enthalten sind, zu der eigenen Farbgebung in einem Widerspruch stehen. Trotzdem ist es möglich, diese Farben zu verwenden und das Gleichgewicht und die Harmonie zu erreichen, nach der wir streben. Dazu muß diese Farbe in einem Muster oder in einer Kombination mit einer Farbe aus dem Bereich der Fließfarben enthalten sein. UND WAS AM WICHTIGSTEN IST: Diese Fließfarbe muß das hervorstechendste Merkmal Ihrer Farbgebung betonen.

Wenn Sie ein «goldener» Typ sind, müssen Sie eine der stärksten Goldfarben zur Betonung wählen, so daß der Gesamteindruck Ihre Farbgebung immer noch ergänzt. Als goldene Herbstpersönlichkeit kann ich jetzt meine Lieblingsfarbe, Marineblau, tragen. Ich trage sie mit Gold, Sand, Terrakotta und den warmen Grüntönen. Ich trage sie nicht mit meinen Rottönen, Lila, Lapisblau oder Kaffeebraun. Indem ich meine Fließfarben und die Farben meiner Jahreszeit benutze, werden meine möglichen «goldenen» Kombinationen erweitert.

Einige Farben werden von den großen Modeschöpfern entweder als Modefarben oder als klassische Farben bevorzugt. Die Modefarben wechseln meistens von Saison zu Saison, während klassische Farben wie Marineblau oder Grau immer getragen werden. Wir wollen einige dieser Farben näher betrachten und sehen, wie jede sie tragen kann.

Flaschengrün und Olivgrün werden gerne von Modeschöpfern verwendet. Es sind Farben aus der Herbstpalette, die auf Gold basieren. Wenn Flaschengrün allein von einem Winter-Typ getragen wird, ist es keine sehr schmeichelnde Farbe. Weinrot, helles und dunkles Zyklam, Shocking Pink, Rot, kräftiges Blau und kräftiges Türkisblau sehen, mit Flaschengrün kombiniert, phantastisch aus. Diese Farben bieten allen Winter-Typen die Möglichkeit, einen Kontrast in ihr Aussehen zu bringen, der von der Intensität ihrer Farbgebung abhängt. Auf jeden Fall sollte das Flaschengrün nicht direkt in Gesichtsnähe getragen werden, und

BESONDERE KOMBINATIONEN MIT DEN FARBEN JEDER PALETTE UND DEN MODEFARBEN

	Winter	*Sommer*	*Herbst*	*Frühling*
Camel	Weinrot Schwarz Lila Dunkelrot Anthrazit Dunkles Zyklam Tannengrün	Gedämpftes Weinrot Malve Taubenblau Pastellrosa Lapisblau Wassermelone	Alle Farben	Alle Farben
Beige	Schwarz Scharlachrot Königsblau Lila Dunkles Zyklam	Vergißmeinnicht-blau Pink Malve Gedämpftes Weinrot Pflaumenblau Dunkelrosa Pastellrosa	Alle Farben	Alle Farben
Dunkel-braun	Hellgrau Dunkles Zyklam Kräftiges, dunkles Pink Scharlachrot Schneeweiß Königsblau Helles Zyklam	Lapisblau Orchidee Malve Himmelblau Vergißmeinnicht-blau	Alle Farben	Pfirsich Intensives Aquama-rin Lachsrosa Orangerot Sonnengelb
Pfirsich	Scharlachrot Kräftiges, dunkles Pink Leuchtendes Wein-rot Shocking Pink	Pink Dunkelrosa Malve Wassermelone	Flaschengrün Petrolblau Braun Bronze	Alle Farben
Rost	Leuchtendes Wein-rot Dunkelrot Dunkles Zyklam	Pink Kirschrot	Alle Farben	Kornblumenblau Helles Petrolblau Aquamarin Pfirsich

Fortsetzung auf der nächsten Seite

Besondere Kombinationen mit den Farben jeder Palette und den Modefarben *(Fortsetzung)*

	Winter	Sommer	Herbst	Frühling
Senf	Leuchtendes Weinrot Scharlachrot Dunkles Zyklam	Gedämpftes Weinrot Rosé	Alle Farben	Kornblumenblau Orangerot
Zyklam	Alle Farben	Gedämpftes Rosa Malve Graublau	Rost Terrakotta	Pfirsich Koralle
Grau	Alle Farben	Alle Farben	Tomatenrot Terrakotta Camel Lachs Gold Petrolblau	Pfirsich Lachsrosa Orangerot Zartes Aquamarin Kornblumenblau Gelbbeige
Weinrot	Alle Farben	Alle Farben	Rost Terrakotta Kräftiges Abricot Tomatenrot	Hellorange Warmes, kräftiges Rosa Lachsrosa Koralle Orangerot
Marineblau	Alle Farben	Alle Farben	Tomatenrot Terrakotta Gold Rost Mahagoni	Orangerot Koralle Sonnengelb Leuchtendes Gelbgrün
Pink	Alle Farben	Alle Farben	Rost Mahagoni Lachs Kräftiges Abricot	Lachsrosa Koralle Klatschmohn Orangerot

die Farbe von der Fließfarbenkarte muß die größte Aussagekraft bei der Kleidung haben.

Die Sommer-Frau strebt nach einem weichen, gedämpften und harmonischen Aussehen. Wie weich und gedämpft die Wirkung ist, hängt von jedem einzelnen und dem am stärksten hervortretenden Farbmerkmal ab. Viele Farben der Sommerpalette passen gut zu Flaschengrün. Gedämpftes Lila, Orchidee, Malve, Wassermelone, Lapisblau und gedämpftes Weinrot sind eine gute Auswahl.

Da Flaschengrün eine Herbstfarbe ist, paßt die gesamte Herbstpalette gut dazu. Trotzdem können nicht alle Herbst-Frauen es wirkungsvoll tragen. Diejenigen, die für ihre beste Wirkung einen Kontrast brauchen, sollten es nicht direkt in Gesichtsnähe tragen. Sie können es zusammen mit Tomatenrot, Mahagoni und Rost aus der Herbstpalette oder mit dem Scharlachrot des Winters einsetzen. Diejenigen, die einen weicheren Look brauchen, tragen es mit Cremeweiß, Sand oder mit einem der gedämpften Grüntöne. Wie immer streben wir wieder nach Gleichgewicht und Harmonie mit der persönlichen Farbgebung.

Die Frühlings-Frau, die Flaschengrün tragen möchte, sollte die leuchtendsten Farben ihrer Palette wählen, um Kontrast und Klarheit zu erreichen. Mögliche Farben, die man mit Flaschengrün kombinieren kann, sind Koralle, Sonnengelb, Pfirsich, intensives Aquamarin, Kornblumenblau und helles Petrolblau.

Es gibt Tausende von Kombinationsmöglichkeiten mit Flaschengrün und anderen Modefarben, die es Ihnen gestatten, kreativ und individuell zu sein und dabei hervorragend auszusehen.

Viele dieser Modefarben sind neutral. Es ist einfacher, sie mit Farben der Palette zu verwenden, die es ermöglichen, die Garderobe abzustimmen und richtiges und ergänzendes Make-up zu verwenden. Andere Farben, einschließlich Rosa, Pfirsich und vielleicht einige Ihrer Lieblingsfarben, passen ebenfalls. Es erfordert jedoch etwas mehr Selbstbewußtsein und Mut, ungewöhnliche Kombinationen zu wagen. Das Resultat kann phantastisch sein, aber das merken Sie am besten, wenn Sie den Versuch wagen.

Beachten Sie, daß die Tabelle mit den besonderen Farbkombinationen alle Typen aus allen Jahreszeiten umfaßt. Zu Camel passen zum Beispiel das Tannengrün, das Scharlachrot, das Lila und das Schwarz des Winter/Herbst-Typs der Fließfarbenkarte gut. Dunkelrot, Weinrot, Anthrazit und das dunkle Zyklam passen zu den Winter/Sommer-Typen und das Scharlachrot zu den Winter/Frühlings-Typen.

Die wichtigste und am häufigsten gestellte Frage lautet: «Was ist mit Schwarz?» Die meisten von uns wachsen in dem Glauben auf, daß Schwarz die grundlegendste, gekonnteste und raffinierteste Farbe ist, die eine Frau tragen kann. Mit der Einführung der jahreszeitlichen Analyse wurde Schwarz zur umstrittensten Farbe überhaupt, da sie nur auf der Winterpalette auftaucht. Überraschenderweise können nicht einmal alle Wintertypen Schwarz erfolgreich als einzelne Farbe in Gesichtsnähe tragen, da es die stärkste Farbe überhaupt ist. Aber jetzt ist es allen Frauen möglich, Schwarz mit Erfolg einzusetzen, wenn sie die Regeln und die Grenzen kennen und den Wunsch und die Persönlichkeit haben, es mit Selbstbewußtsein zu tragen. Achten Sie einfach darauf, daß Sie es nicht unmittelbar in Gesichtsnähe tragen, oder wählen Sie eine Kombination mit einer Ihrer besten Farben. Denken Sie daran, daß Sie die Intensität Ihres Make-ups erhöhen müssen, wenn Sie Schwarz allein verwenden wollen.

SIE KÖNNEN ALLE FARBEN TRAGEN

Bisher sind wir bei unserer Farbdiskussion davon ausgegangen, daß wir Farben suchen, die auf natürliche Weise im Gleichgewicht und in Harmonie mit unserer Farbgebung sind. Aber abhängig von Ihrer Persönlichkeit oder von dem jeweiligen Ereignis, ist ein ungewöhnlicher Effekt vielleicht manchmal wünschenswert. Bei solchen Gelegenheiten sind Ausgewogenheit und Harmonie nicht das erklärte Ziel.

Eine Winter-Frau mit kontrastreicher Farbgebung möchte vielleicht einen weicheren Gesamteindruck erreichen – vielleicht für einen romantischen Abend zu Hause. Sie erzielt dies am besten, indem sie eine gedämpftere Farbe hinzufügt, die sich nicht auf ihrer Palette befindet. Der Sommer-Typ mit weicher, gedämpfter Farbgebung mag bisweilen der weichen Farbe überdrüssig werden und möchte auch einmal leuchtende Farben tragen. In diesem Fall kann man leuchtende Farben wählen, um sich das aufregende Gefühl, das man sucht, zu schaffen.

In extremen Fällen kann man eine einzelne Farbe wählen, die in keiner Verbindung zur eigenen Farbgebung steht, wie es der «Punk»-Look zeigt. Diejenigen, die keine ergänzenden Farben und Modestile tragen, möchten wahrscheinlich auffallen und Aufsehen erregen. Diese Frauen haben die Persönlichkeit, die körperlichen Merkmale und das Selbstbewußtsein, ungewöhnliche Kleidung zu tragen und sich darin zu gefallen. Auch Sie haben jetzt das Wissen, um ihren Look noch ausgefallener zu gestalten.

Auf den nächsten Seiten finden Sie einige nützliche Richtlinien, mit denen Sie Ihre Farben erweitern können. Es ist immer wichtig, mit den jahreszeitlichen Farben zu beginnen. Später können Sie dann andere Farben hinzufügen, wenn Sie bereit dazu sind, abhängig von Ihrer Persönlichkeit und Ihren Bedürfnissen. Sie werden viele faszinierende Dinge entdecken, wenn Sie sich langsam auf die Suche nach zusätzlichen Farben begeben.

RICHTLINIEN ZUR ERWEITERUNG DER FARBANWENDUNG

● *Die einzelne jahreszeitliche Palette*

Es ist wichtig, die einzelne jahreszeitliche Palette zu verstehen. Lernen Sie Ausgewogenheit und Harmonie schätzen, werden Sie eine Meisterin beim Erkennen Ihrer besten Farben und bei der Arbeit mit ihnen.

● *Die jahreszeitliche Palette und die Fließfarben*

Geben Sie Fließfarben dazu, wenn Sie mit den Farben Ihrer Jahreszeit gearbeitet und sie verstanden haben. Jeder sollte danach streben, zu gegebener Zeit Zwischentöne hinzuzufügen.

● *Die jahreszeitliche Palette, Fließfarben und die Verwendung von Modefarben*

Wenn Sie in der Lage sind, Fließfarben erfolgreich einzubauen und sich in ihnen wohl fühlen, gehen Sie an die Modefarben. Diejenigen unter Ihnen, die den hochmodischen Look bevorzugen, werden sicherlich darauf warten, diese Farben zu tragen. Wenn Sie eher konservativ sind, möchten Sie vielleicht nur mit Ihren Fließfarben arbeiten.

● *Die Verwendung aller Farben*

Diejenigen, die einen extremen Look suchen, möchten wahrscheinlich mit allen Farben arbeiten, ungeachtet der Ausgewogenheit und der Harmonie in der Farbgebung, um so eine bestimmte Modeaussage zu machen.

Sind Ihre Farben dramatisch, natürlich, elegant oder zart?

Bestimmte Begriffe aus der Modewelt, von denen ich einige schon beim Stil definiert habe, treffen auch auf die Farbbegriffe zu. Sie sind jetzt in der Lage, jeden Look zu kreieren, den Sie wünschen, da Sie alle Stilelemente verstehen. Die folgenden Definitionen können Ihnen als Schlußpunkt Ihrer Untersuchung dienen:

- *Dramatische Farben* sind leuchtend, lebhaft, dunkel und sehr kontrastreich.

- *Elegante Farben* sind satt, dunkel, gedämpft und nicht sehr kontrastreich.

- *Satte Farben* sind dunkel, intensiv und kräftig.

- *Zarte Farben* sind hell, leuchtend und klar.

- *Schreiende Farben* sind lebhaft, leuchtend und klar.

- *Pastellfarben* sind hell und gedämpft.

- *Deutliche Farben* sind dunkel und klar. Eine deutliche Linie oder ein Bild hat Klarheit und Kontrast.

- *Matte Farben* sind weich und gedämpft.

- *Natürliche Farben* sind dunkel, satt und erdig.

- *Klassische Farben* sind neutral.

- *Romantische Farben* sind alle jene Farben, die die Stimmung für Ihr ganz eigenes Empfinden von Romantik schaffen.

Grosses Finale
oder erst
der Anfang?

Nach dem ungeheuren Erfolg und der Beliebtheit der Farbanalyse in den vergangenen Jahren machten sich einige Frauen Sorgen darüber, daß sie nun als Mitglieder einer Gruppe definiert
wurden. Statt Komplimente zu ernten, hörte auch ich Kommentare wie: «Sie müssen ein Herbst-Typ sein.»

Jetzt ist dies alles anders. Ich bin wieder so aufgeregt wie
damals, als ich ich die ersten Farbkurse leitete. Jetzt ernte ich
Komplimente wie: «Sie sehen wundervoll aus!», und sie beziehen
sich nicht nur darauf, wie gut ich in meinen Farben aussehe. Der
Unterschied liegt darin: Man kann phantastisch aussehen, wenn
man seine Persönlichkeit auf richtige, das heißt ergänzende
Weise ausdrückt.

Alle meine ersten Zuhörerinnen besuchen meine Kurse wieder, um zu lernen, welches ihre Fließfarbenkarte ist, die ihnen
hilft, ihre Farbenauswahl erfolgreich zu erweitern. Frauen, die
den Wunsch haben, noch weiter zu gehen, lernen, wie sie alle
Farben tragen können, wie sie ihre neuen Farben mit der beste-
henden Garderobe koordinieren und einen großartigen außergewöhnlichen Look kreieren können, um ihr Bedürfnis nach
Individualität zu befriedigen. Jede Frau kann jetzt ihren eigenen
persönlichen Stil erreichen – ihre eigene Linie, ihren Maßstab
und ihre Farben.

Zum Abschluß wollen wir noch einmal die verschiedenen Stilkategorien betrachten. Klassisch ist meistens die Beschreibung
eines formalen, konservativen Kleidungsstils. Als natürlich
bezeichnet man einen weniger formalen, zwangloseren, legeren
Stil. Der romantische Stil ist ein modischer, aber dennoch forma-
ler Stil. Der dramatische Stil ist die Überbetonung einer dieser
drei Stile, egal ob formal, leger oder modisch.

Sie wissen jetzt, zu welcher Zeit, an welchen Ort und zu welchem Ereignis diese verschiedenen Stile passen, Sie verstehen Ihre Körperlinie und Ihre Persönlichkeit und wissen, in welcher Kategorie (oder in welchen Kategorien) Sie sich am wohlsten fühlen. Sie sind jetzt in der Lage, Ihren Blickwinkel zu erweitern. Nur Sie selbst wissen, was für eine Persönlichkeit Sie haben und wie Sie sie ausdrücken wollen. Ich hoffe, daß ich Ihnen geholfen habe, diese Brücke zu schlagen, damit Sie immer perfekt gekleidet sind.

DIE ANWENDUNG DER FARBKARTEN

Jahreszeit A
Die vollständige Palette der Farben
einer Jahreszeit

Jahreszeit B
Die vollständige Palette der Farben
einer Jahreszeit

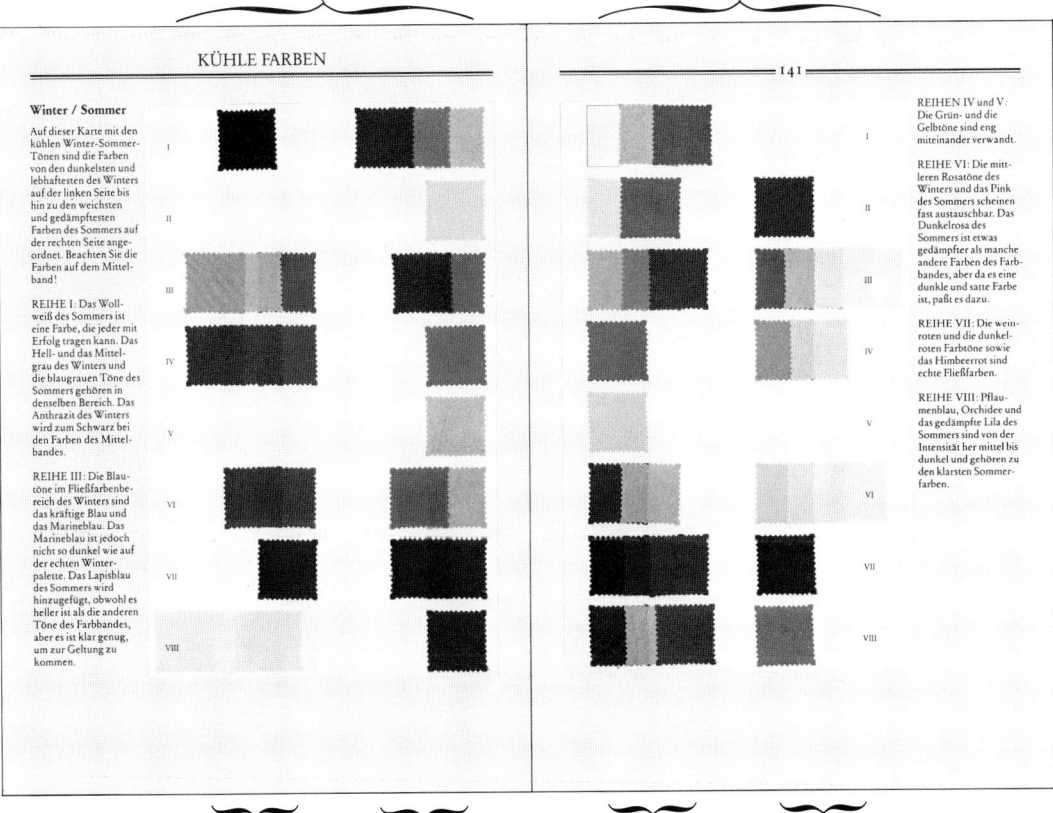

KÜHLE FARBEN — 141 —

Winter / Sommer

Auf dieser Karte mit den kühlen Winter-Sommer-Tönen sind die Farben von den dunkelsten und lebhaftesten des Winters auf der linken Seite bis hin zu den weichsten und gedämpftesten Farben des Sommers auf der rechten Seite ange-ordnet. Beachten Sie die Farben auf dem Mittel-band!

REIHE I: Das Woll-weiß des Sommers ist eine Farbe, die jeder mit Erfolg tragen kann. Das Hell- und das Mittel-grau des Winters und die blaugrauen Töne des Sommers gehören in denselben Bereich. Das Anthrazit des Winters wird zum Schwarz bei den Farben des Mittel-bandes.

REIHE III: Die Blau-töne im Fließfarbenbe-reich des Winters sind das kräftige Blau und das Marineblau. Das Marineblau ist jedoch nicht so dunkel wie auf der echten Winter-palette. Das Lapisblau des Sommers wird hinzugefügt, obwohl es heller ist als die anderen Töne des Farbbandes, aber es ist klar genug, um zur Geltung zu kommen.

REIHEN IV und V: Die Grün- und die Gelbtöne sind eng miteinander verwandt.

REIHE VI: Die mitt-leren Rosatöne des Winters und das Pink des Sommers scheinen fast austauschbar. Das Dunkelrosa des Sommers ist etwas gedämpfter als manche andere Farben des Farb-bandes, aber da es eine dunkle und satte Farbe ist, paßt es dazu.

REIHE VII: Die wein-roten und die dunkel-roten Farbtöne sowie das Himbeerrot sind echte Fließfarben.

REIHE VIII: Pflau-menblau, Orchidee und das gedämpfte Lila des Sommers sind von der Intensität her mittel bis dunkel und gehören zu den klarsten Sommer-farben.

Keine Fließfarben
Diese Farben sind nicht mit der ande-ren Jahreszeit in dieser Tabelle ver-wandt.

Fließfarben
Dies sind die Far-ben, die am meisten mit der anderen Jahreszeit in dieser Tabelle verwandt sind. Es sind die Farben des Mittel-bandes, die im Text erläutert werden.

Fließfarben
Dies sind die Far-ben, die am meisten mit der anderen Jahreszeit in dieser Tabelle verwandt sind. Es sind die Farben des Mittel-bandes, die im Text erläutert werden.

Keine Fließfarben
Diese Farben sind nicht mit der ande-ren Jahreszeit in dieser Tabelle ver-wandt.

Sachwort-Verzeichnis

Diese Visitenkarte...

... haben nur ausgebildete Color Me Beautiful-Consultants. Nur diese Beraterinnen dürfen im Namen von Color Me Beautiful Beratungen durchführen. Achten Sie darauf, denn ihre fortlaufenden Schulungen und ihre erstklassige Qualifikation garantieren Ihnen optimale, persönliche Beratung und Service. Color Me Beautiful - Consultants gibt es weltweit. In Deutschland, in Österreich und in der Schweiz finden Sie unsere Consultants unter folgenden Adressen:

Deutschland

D-1000 Berlin 31
Mara Hoesch
Hohenzollerndamm 5
Tel. 0 30 / 8 81 60 61 / 62

D-1000 Berlin 33
Christine Kötters
Douglasstr. 13 a
Tel. 0 30 / 8 25 82 62

D-2000 Hamburg 65
Susanne Habel
Duvenstedter Damm 37
Tel. 0 40 / 6 07 26 93

D-2000 Hamburg 65
Alexa Hengstenberg M. A.
Weidenkoppel 16 a
Tel. 0 40 / 6 02 04 25

D-2000 Hamburg 90
Regina Bolgen
Göhlbachtal 107
Tel. 0 40 / 7 90 49 51

D-2071 Köthel/Lbg.
Marion Kayser
Donnerblock 11
Tel. 0 41 59 / 4 57

D-2120 Lüneburg
Angelika Quasdorf
Büttnerstr. 29
Tel. 0 41 31 / 3 81 29

D-2400 Lübeck
Renate Lux
Weberkoppel 58
Tel. 04 51 / 59 45 38

D-2800 Bremen 1
Karin Bison
Kirchbachstr. 120 b
Tel. 04 21 / 49 27 70

D-3006 Burgwedel-Thönse
Marion Hipp
Kleinburgwedeler Weg 17
Tel. 0 51 39 / 8 88 76

D-3172 Isenbüttel
Marie-Luise Schlag
Amselweg 5
Tel. 0 53 74 / 30 33

D-4006 Erkrath
Margarete Gross
Donaustr. 4
Tel. 0 21 04 / 4 68 18

D-4300 Essen 11
Gerda Brachaczek
Germaniaplatz 6
Tel. 02 01 / 67 66 33

D-4400 Münster
Gabriele Stegt
Neuheim 12
Tel. 02 51 / 31 62 51

D-4404 Telgte b. Münster
Madeleine Groneberg
Emsstr. 14 – 16
Tel. 0 25 04 / 35 00 oder 16 72

D-4455 Wietmarschen
Jean Tan
Hauptstr. 90
Tel. 0 59 08 / 613

D-4459 Emlichheim
Lucie Knoche
Thüringer Weg 4
Tel. 0 59 43 / 2 68

D-4620 Castrop-Rauxel
Sigrid Hüsken
Recklinghauser Str. 56
Tel. 0 23 05 / 7 30 89

D-4750 Unna
Vera Schaumann
Peukinger Weg 34
Tel. 0 23 03 / 2 12 96

D-5000 Köln 60
Helga Janßen
Steinberger Str. 3
Tel. 02 21 / 73 61 47

D-5100 Aachen
Monika Pelzel
Kuckelkornweg 34
Tel. 02 41 / 55 18 48

D-5828 Ennepetal 14
Inge Düllmann
Milsperstr. 12
Tel. 0 23 38 / 12 51

D-6000 Frankfurt 71
Renate Nielbock
Geisenheimerstr. 121
Tel. 0 69 / 35 94 32

D-6074 Rödermark
Doris Sattler
Paul-Ehrlich-Str. 16 – 20
Tel. 0 60 74 / 9 57 46
oder 9 85 27

D-6100 Darmstadt
Ingeborg Gorr
Kittlerstr. 10

D-6100 Darmstadt
Andrea Kübler
Beckstr. 2
Tel. 0 61 51 / 16 33 92
oder 42 22 01

D-6140 Bensheim 3 / Auerbach
Renate Haberland
Melibokusstr. 13
Tel. 0 62 51 / 7 32 82

D-6238 Hofheim/Wallau
Irmhild Pearce
Zur Burg 1 a
Tel. 0 61 22 / 1 29 48

D-6301 Heuchelheim
Karin Jung
Beethovenstr. 22
Tel. 0 641 / 6 18 22

D-6368 Bad Vilbel
Dorothea Stracke
Kurt-Moosdorf-Str. 50
Tel. 0 61 01 / 8 48 84

D-7000 Stuttgart 1
Sylve-Karina Heyder
Tübinger Str. 20
Tel. 0711 / 2 26 19 29 oder
0 71 95 / 6 42 60

D-7252 Weil der Stadt
Birgit Schirmer
Mühlgasse 14
Tel. 0 70 33 / 89 56

Ihr persönlicher Stil.

Haben Sie mit Hilfe dieses Buches bereits Ihre Saison und Ihre ganz persönlichen Farben gefunden? Ja, dann haben wir nachstehend ein exklusives Angebot für Sie.

Deutschland

D-7290 Freudenstadt
Ursel Erbig
Panoramastr. 17
Tel. 0 74 41 / 35 49

D-7317 Wendlingen
Elke Amann
Blumenstr. 27
Tel. 0 70 24 / 5 48 84

D-7408 Kusterdingen
Sigrid Feuchtmüller
Weinbergstr. 27
Tel. 0 70 71 / 3 19 52

D-7530 Pforzheim
Maya Rey
Westliche 135
Tel. 0 72 31 / 46 60 28

D-7800 Freiburg
Monika Armbruster
Hohlenstr. 4
Tel. 07 61 / 6 79 51

D-7806 March-Hugstetten
Brigitte Stoll-Reinartz
Im Bemmenstein 4
Tel. 0 76 65 / 4 05 19

D-7880 Bad Säckingen
Charlene Dean
Hauensteinstr. 10
Tel. 0 77 61 / 84 64
oder 37 95

D-8000 München 21
Erika Eckert
Mathunistr. 27
Tel. 0 89 / 5 80 28 88

D-8000 München 50
Ingrid Keuerleber
Franz-Albert-Str. 6a
Tel. 0 89 / 8 12 06 98

D-8080 Fürstenfeldbruck
Carolin Danke
Kapellenstr. 2
Tel. 0 81 41 / 9 25 98

D-8443 Bogen b. Straubing
Irmgard Kaltner
Dianastr. 5
Tel. 0 94 22 / 43 54

D-8520 Erlangen
Claudia Gorlicki
St. Johann 6 Aptmt. 87
Tel. 0 91 31 / 4 46 27

D-8621 Lahm/Itzgrund
Christina Seebach-Künzel
Ringstr. 17
Tel. 0 95 31 / 68 05

D-8800 Ansbach
Margit Sereny-Limmer
Würzburgerstr. 42
Tel. 09 81 / 36 27

D-8802 Wolframs-Eschenbach
Gisela Selz-Eberlin
Wolfram-v.-Eschenbach-Platz 10
Tel. 0 98 75 / 2 36

D-8803 Rothenburg
Margit Neuberger
Feuchtwanger Str. 16
Tel. 0 98 61 / 4 02 45

B-4700 Eupen
Helga Peters
Kehrweg 40
Tel. 0 87 / 74 25 84

Österreich

A-1090 Wien
Dr. Ulrike Blom-Schulla
Alserbachstr. 5/5
Tel. 02 22 / 34 66 94

A-1130 Wien
Maria Lehr
Meillergasse 5/2
Tel. 02 22 / 8 04 62 56

A-1130 Wien
Elisabeth Pfreundschich
Altgasse 5
Tel. 02 22 / 8 28 57 94

A-1220 Wien
Andrea Wiegele
Hochmuthgasse 7/1/70
Tel. 02 22 / 2 58 03 62

A-2340 Mödling
Edeltraud Prukl
Hauptstr. 53
Tel. 0 22 36 / 88 08 62

A-4060 Leonding/Linz
Helga Schwandner
Larnhauserweg 3/17
Tel. 07 32 / 66 99 8 34

A-4050 Traun
Optik Mahringer
Heinrich-Gruber-Str. 1
Tel. 0 72 29 / 34 12

A-4840 Vöcklabruck
Ingrid Teufelberger
Galerie Burgstall
Stadtplatz 36
Tel. 0 76 72 / 23 47 (7 23 47)
oder 41 20

A-5020 Salzburg
Sylvia Haller
AVA-Hof
Griesgasse 2/224
Tel. 06 62 / 51 7 94

A-5640 Badgastein
Christine Langegger
Poserstr. 8 b
Tel. 0 64 34 / 46 22
oder 06 62 / 70 11 22

A-5710 Kaprun
Gudrun Buchner
Schloßstr. 548
Tel. 0 65 47 / 85 71

A-6060 Hall in Tirol
Elfi Knofler
Fassergasse 33
Tel. 0 52 23 / 74 57

A-8010 Graz
Monika Maninger
Geidorfplatz 2
Tel. 03 16 / 38 13 55

A-8160 Weiz
Hedwig Fischer
Birkfelderstr. 14 a
Tel. 0 31 72 / 29 52

A-8230 Hartberg
Brigitte Pitter
R.-Obendrauf-Str. 8
Tel. 0 33 32 / 6 20 23

A-9020 Klagenfurt
Margit Klaritsch
Werner-Berg-Gasse 6
Tel. 0 4 63 / 26 21 27

I-39050 Ritten
Margareth Lintner
Hauptstr. 3 · Unterinn
Tel. 04 71 / 5 91 90

Schweiz

CH-2502 Biel
Edith Dorn
Obergasse 24
Tel. 0 32 / 22 90 92

CH-3013 Bern
Paulette Maurer
Altenbergstr. 6
Tel. 0 31 / 4 17 7 62

CH-3076 Worb-Bern
Thea Berger
Tel. 0 31 / 83 36 10 (8 39 36 10)

**CH-3800 Matten
b. Interlaken**
Carine Henggeler
Feldgässli 40
Tel. 0 36 / 22 36 07

CH-5722 Gränichen
Guadalupe Voegeli
Vorstadtstr. 42
Tel. 0 64 / 31 74 15

CH-6015 Reussbühl
Madeleine Flückiger
Eichenstr. 19
Tel. 0 41 / 55 66 48

**CH-6020 Emmenbrücke/
Luzern**
Therese Schacher
Bahnhofstr. 9
Tel. 0 41 / 55 14 53

**CH-6043 Adligenswil/
Luzern**
Beatrice Barden-Kreiliger
Gämpi 10
Tel. 0 41 / 31 25 20

CH-6410 Goldau
Berta Zünd
Sonneggstr. 20
Tel. 0 41 / 82 26 79

CH-8049 Zürich
Margrit Vollenweider
Ackersteinstr. 209
Tel. 01 / 3 41 63 70

CH-8053 Zürich
Marialice Sulzer-Cavelli
Witikoner Str. 324
Tel. 01 / 55 01 00

CH-8132 Egg/Zürich
Elke Bieri
Zelgmatt 36
Tel. 01 / 9 84 13 54

CH-8700 Küsnacht/Zürich
Ursula Kamer
Baumgartenstr. 6
Tel. 01 / 9 10 73 22

CH-8700 Küsnacht/Zürich
Barbara Evans
Wiesenstr. 27
Tel. 01 / 9 10 73 62
(englisch)

**CH-8907 Wettswil
am Albis**
Lea Ruprecht
Rainstr. 17
Tel. 01 / 7 00 09 19

CH-9500 Wil
Peter Forrer
Derbycenter
am Bahnhofplatz 9
Tel. 0 73 / 22 65 95

CH-1027 Lonay
Anna Bourgeois
Chemin de Montraux
Tel. 0 21 / 8 01 62 23
(französisch/englisch)

CH-1207 Geneve
Martha Culig
38, rue des Vollandes
Tel. 0 22 / 7 35 28 03
(französisch/englisch)

CH-1295 Tannay
Sonia Arekallio
Chateau de Tannay
Tel. 0 22 / 76 29 71
(englisch/französisch)

Wir hoffen, Sie haben eine Beraterin in Ihrer Nähe entdeckt! Falls nicht, wenden Sie sich bitte direkt an uns, denn unser Kreis wird ständig größer. Wenn Sie selbst Color Me Beautiful-Consultant werden möchten, schreiben Sie uns, wir senden Ihnen gerne nähere Informationen.

Deutschland: P.O.Box 1665 · D-8228 Freilassing · Tel. 0043-662/51794
Österreich: P.O.Box 48 · A-5101 Bergheim · Tel. 0662/51794 · Schweiz: P.O.Box 637 · CH-8021 Zürich · Tel. 0043-662/51794